語源 × 図解

くらべて覚える英単語

清水建二

JN107915

青春新書
INTELLIGENCE

　突然ですが、みなさんは蓋が開いている容器を目の前にして、「蓋を閉める」と表現しますか、それとも「蓋を閉じる」と表現しますか。仮にその容器がペットボトルなら「閉める」、タッパーなら「閉じる」と区別できるかもしれませんが、ハッキリ言って、この程度の違いはどうでもいいことだと思います。ドアや窓についても「閉める」でも「閉じる」でも大差ないでしょう。

　でも、開いている状態の本や目は「閉じる」で、「閉める」とは言いません。なぜでしょうか。ある辞書によると、「閉める」は、カギや蛇口のように、構造物の一部を構成しているものを動かして、人や空気の通る隙間をなくすこと、「閉じる」は、開いていたものが両端を合わせてふさいで使いえない状態にすること、とあります。なるほど、本は左右を合わせて「閉じる」と読めなくなるし、目も上下のまぶたを合わせて「閉じる」と見えなくなります。

　しかし、私たちはこのような定義づけをしながら「閉める」と「閉じる」という2つの言葉の区別ができるようになるのではありません。幼児は、周囲にいる大人たちの発する言葉や行動を何度も

見聞きすると同時に真似をすることによって、言語を習得するようになりますが、「カギを閉める」や「目を閉じる」という行為と言葉を体感的に、ほぼ無意識のうちに身に付けていくようになります。

車の運転中にトンネルを抜けて海の景色を目にした時の第一声は「あ、海！きれい！」と言った類の言葉だと思いますが、私たちが外国語を学ぶ際に最も重要なのは単語の習得にあります。いくら難しい構文や文法的な知識があっても単語がわからなければコミュニケーションをとることはできません。外国語学習は単語学習から始まると言っても過言ではありません。

「単語学習」と言うと、みなさんはどのようなことを思い浮かべるでしょうか。単語カードに英単語と、その裏に日本語の意味を書き、繰り返し音読しながら覚えた、という方も多いと思います。しかし、この方法は大学受験にはある程度の効果は期待できても、決して勧められるべきものではありません。もちろん単語の種類にもよりますが、単語は、ある状況や文脈の中で初めて意味を持つもので、いわゆる**「一語一訳的な暗記」では初歩のレベルを超えることができない**からです。「英

単語学習」で重要なこと、それは、単語の持つ本質的な意味（これをコアと言います）を理解することです。

　ここで、冒頭の「閉める」と「閉じる」の話に戻ります。これと似たような意味を持つ英語にcloseとshutがありますが、みなさんは、この2つの単語をきちんと使い分けできるでしょうか。日本語に直せば、どちらも「閉める」か「閉じる」なのですが、日本語の違い以上の違いがshutとcloseにはあります。

　手元の英和辞典によると、close the windowは「（静かに、ゆっくり）窓を閉める・閉じる」、shut the windowは「（通例音を立てて）窓を閉める・閉じる」と書かれています。なるほど、目的語が「窓」の場合はその通りですが、これだけではcloseとshutの持つ一面的な意味しか伝えておらず、それぞれの単語のコアを説明していることにはなりません。

　目的語を「口(mouth)」に変えると、さらにその違いが明確になります。Close your mouth.は「（ゆっくり）口を閉じてください」ですが、Shut your mouth.は「（音を立てて）口を閉じてください」という意味にはなりません。元々、音

を立てて口を閉じることはありませんが、後者は「（口を閉じて）黙りなさい」という意味を伝える文になります。また、催眠術師が被験者に対して「（ゆっくり）目を閉じてください」なら Close your eyes. ですが、虫がこちらに向かって飛んできたので「（思わず）目を閉じた」なら I closed my eyes. ではなく、I shut my eyes. と表現します。

　要するに、close のコアは、閉める動作を開始してから終了するまでの過程に焦点があり、徐々にゆっくりとした動きを暗示させるイメージであるのに対して、shut のコアは、閉める動作を開始してから閉め終わる動作までの一連の行為を一瞬のうちに終えてしまうという違いがあります。ですから、「窓をちょっとだけ閉めてください」と伝える場合は、Please shut the window a little. ではなく、Please close the window a little. と言わなければならないのです。

　さらに、同じ「閉める」でも「バタンと音を立てて閉める」という意味の動詞 slam もあります。日本語では「バタン」という擬声語を使って副詞的に表しますが、英語では副詞の代わりに、動詞そのものの中に含めて表すことも多くあります。

close と shut の違い

徐々に閉めるのは
close

一瞬で閉めるのは
shut

　本書の表紙にある、fall と drop の違いについても、fall が「ヒラヒラとゆっくり落ちる」イメージであるのに対して、drop は「ストンと急激に落ちる」イメージですが、このように、特に似たような意味を持つ単語は、それぞれのコアをイメージすることが重要になってきます。

　本書では今回特に取り上げませんでしたが、同じ「食べる (eat)」という行為を表す動詞に devour（ガツガツ食べる）、munch（むしゃむしゃ、もぐもぐ食べる）、「飲む (drink)」という行為の動詞に guzzle（がぶがぶ飲む）、sip（ちびちび飲

む）、gulp（グイっと一気に飲む）などがあります
が、このような動詞を覚えることで表現の幅を広
くすることができるようになります。

　本書の最大の特長は、単語のコアを単純明快な
解説と、それを表すイメージイラストで、ネイティ
ブスピーカーと同じ感覚で英単語を習得できる
ように工夫した点にあります。

　今回は**英文を作る時に絶対必要な動詞**に焦点を
絞り、基礎的なレベルから中級レベルまでの単語
を取り上げ、幅広い学習者層をターゲットに編集
しました。基礎レベルの方は自分が使いそうな動
詞を先に学習してから、次のレベルの動詞に移る
というやり方も一つの方法だと思います。読者の
みなさんが本書との出会いをきっかけに、新たな
る英単語学習の楽しさを享受してくださることを
願っています。

　　　　　　　　2021年　4月　清水　建二

Chapter 1　こんなとき、どれを選ぶ？　基本の単語

Chapter 2　考える・話すときの単語選び

Chapter **3** 感情をあらわす単語選び

Chapter **4** ビジネスで使える単語選び

Chapter **5**　人間関係の単語選び

Chapter 6 〈 行為や動作の単語選び

カバー・本文イラスト◉すずきひろし
本文デザイン◉リクリデザインワークス

こんなとき、
どれを選ぶ？
基本の単語

Chapter
1

話す、言う

- ◉ talk ◉ speak
- ◉ say ◉ tell

talk

おしゃべりする

speak

声に出して話す

say

言葉を言う

tell

内容を言う

▶ talk は、話す内容にはあまり関心がなく、話す行為そのものに焦点が当てられる語で、基本的には話をする相手を必要とします。話す内容に関心がないので、**People will talk.**（人の口に戸は立てられない）のように自動詞としてよく使われます。学校の先生が授業中におしゃべりをしている生徒に、「おしゃべりをやめなさい」と咎める表現が、**Stop talking.** です。話す内容について言及したい時は、He **talked about** politics in Japan.（彼は日本の政治について話をした）のように言います。

　▶ speak は、talk とは異なり、基本的にはきちんとした内容について、声を出して述べることで、必ずしも話す相手がいなくてもかまいません。**Do you speak English?**（英語を話しますか）や I can't speak Japanese.（日本語は話せません）のように、言語能力を示したり、**She spoke for 30 minutes at the conference.**（彼女は会議で30分話をした）のように、自分の意見を述べるのも speak です。ただし、**Could you speak more slowly?**（もっとゆっくり話していただけますか）のように、自動詞として単に「言葉を発する」という意味もあります。

　日本語では写真を撮る際、シャッターを切る人の決まり文句は「はい、チーズ」ですが、これは英語では、**Say cheese.**（チーズと言って）と言います。そう言われたら、Cheese（チーズ）と応じます。お酒をついでいる時も「どこまでいれたらいいか言ってください」なら、**Say when.** ですが、言われた方は、When と返します。

　このように、▶ say の目的語になるのは実際に発せられた言葉です。相手の言葉をそのままの形で伝える直接話法では、

Yoko said to me, "I love you." (「愛してる」とヨーコは私に言った) です。say の目的語になるのは、it / so / that / something / anything / nothing / words などの語に限定されます。

　Yoko said, "I am happy." (「私は幸せです」とヨーコは言った) を間接話法で表せば、Yoko said that she was(=is) happy. となります。

　▶ tell は、**tell a story** (話をする)、**tell a lie** (嘘をつく)、**tell the truth** (真実を言う)、**tell a joke** (冗談を言う) のように、伝える内容に焦点が当てられます。直接話法で相手の言った内容を自分の言葉で伝える間接話法では、**Yoko told me that she loves me.** (ヨーコは私を愛していると言った) です。

◆ talk 【動】話す、しゃべる、おしゃべりする
例) Why are you talking all the time?
(どうしていつもおしゃべりばかりしているのですか)
◆ speak 【動】話す、しゃべる、演説する、言葉を発する
例) I was so shocked that I couldn't speak.
(あまりのショックで言葉が出て来なかった)
◆ say 【動】(実際に発せられた言葉) を言う
例) He said nothing to me.
(彼は私に何も言わなかった)
◆ tell 【動】(内容) を言う、(人) に言う
例) I told the news to everyone in the office.
(私は事務所にいたすべての人にそのニュースを伝えた)

Q1

He didn't (say / tell) anything about it.

彼はそのことについては何も言わなかった。

Q2

To (say / tell) the truth, I don't like him.

本当のことを言うと、私は彼が好きではない。

Q3

My friend (says / tells) that Tom is always (saying / telling) jokes.

トムはいつも冗談ばかり言っていると私の友達は言っている。

Q4

He often (talks / speaks) while he is sleeping.

彼は寝言をよく言う。

Q5

What language do they (talk / speak)?

彼らはどんな言語を話していますか。

答え

1　say
anything を目的語に取るのは say。
2　tell
本当のこと、という内容を伝えるのは tell。
3　says / telling
say は that 以下の内容について、「冗談を言う」は tell jokes
で表す。
4　talks
話す行為そのものを言う場合は talk。
5　speak
言語を話すのは speak。

行く、来る、
持って行く、持って来る

- ⦿ go　⦿ come
- ⦿ take　⦿ bring

go

起点となる場所から
離れていく

come

起点となる場所に
近づいてくる

take

起点から離れた場所へ
連れて行く

bring

起点となる場所に
連れて来る

⏵ go は、ある場所を起点として、その場から離れることで基本的には行き先や様態などを表す語句が必要です。たとえば、「東京へ行く」なら go to Tokyo、「ピクニックに行く」なら go on a picnic のように使います。行き先を伴わない go は単に、その場から「いなくなる、亡くなる、消える」という意味で、**You have to go.** なら「お前は首だ」、**The cookies are all gone.** なら「クッキーが全部なくなった」、**I'm afraid I must be going.** なら「そろそろお暇しなければなりません」です。go は「〜になる」という意味では到達点が示されていないので、**go bad**（悪くなる）、**go bankrupt**（倒産する）のように悪い状態への変化を表します。

⏵ come は、誰かが話し手の所に「来る」という意味だけで覚えている人が多いと思いますが、話し手の所に来るだけでなく、話し手がこれから行こうとしている所や相手がいる所に向かって「行く」こと、つまり話題の中心に向かうことを表します。たとえば、Dinner's ready.（夕食の準備ができましたよ）という母親の言葉に対して、「今行きます」は、母親がいる夕食の場所に行くことになるので、I'm going. ではなく、**I'm coming.** と言うことになります。もしこの時に、I'm going. と言ってしまうと、もしかしたら母親から、Where are you going?（どこに行くの）と返って来るかもしれません。このように、come は到達点を重視するので、「〜になる」という意味の come は、**come true**（実現する）のように、好ましい状態への変化を表します。

⏵ take は、「〜を持って（連れて）行く」の意味では、go と同様に、ある場所を起点として、その場から「持って（連れて）行く」ことで基本的に行き先や様態を表す語句が必要です。たとえば、**Take me to the zoo.**（私を動物園に連れて行って）や **Take an umbrella with you just in case.**（念

のために傘を持って行きなさい）のように使います。

⏵ bring は誰かが話し手の所に「持って（連れて）来る」
だけでなく、話し手がこれから行こうとしている所や相手がい
る所に向かって「持って（連れて）行く」ことを表します。た
とえば、パーティーを主催する人に対して、I'll bring wine. と
言えば、「私はワインを持って行く」、I'll bring my wife. なら
「妻を連れて行く」ことになります。主催する人が、Just
bring yourself. と言ったら「手ぶらで来てください」です。
このように、bring は到達点を表すので、パーティーの話をし
ているなら、to the party のような行き先を示す必要はない
のです。

以上のように、go と come の関係は、そのまま take と
bring の関係に当てはめて考えることができます。手元にある
Oxford Advanced Learner's Dictionary にも、bring : come
carrying something、take : go carrying something と記載
されています。

◆ go【動】行く
例）How do you go to school every day?
（毎日、どうやって通学していますか）
◆ come【動】来る、（相手の所に）行く
例）Are you coming to Tom's birthday party?
（[僕は行くけど] 君はトムの誕生会に行く？）
◆ take【動】持って（連れて）行く
例）I took my wife to the party.
（妻をパーティーに連れて行きました）
◆ bring【動】持って（連れて）来る、（相手に）持って（連
れて）行く
例）Can you bring something to drink?
（何か飲み物を持って来てくれますか）

Q1
He (came / went) bald at 30.

彼は 30 歳でハゲになった。

Q2
My temperature (came / went) down this morning.

今朝、平熱に戻りました。

Q3
(Go / Come) to his office right now.

今すぐ彼のオフィスに行きなさい。

Q4
I (take / bring) my kids to school by car.

子供たちを車で学校まで連れて行きます。

Q5
I'll (take / bring) you a cup of coffee.

コーヒーを持って行きます。

答え

1 went
好ましくない状態になるのは go。
2 came
平熱という到達点を表すのは come。
3 Go
第三者の所に行くのは go。
4 take
第三者の所に連れて行くのは take。
5 bring
相手の所に持って行くのは bring。

始める、終える

- ⦿ start
- ⦿ begin
- ⦿ finish
- ⦿ end

start

動き出すという
運動性に焦点

begin

動き出しの
瞬間に焦点

finish

活動を終える

end

終わりにする（終了時に焦点）

▶start は多くの文脈で begin と相互に交換できる単語です。両者ともに、それまで静止状態であったものや事柄が活動状態になる、つまり、「始まる、始める」の意味です。ただし、交換できない場合もあり、使い分けが必要です。

　▶begin の語源は「be（周辺に）＋ gin（開く）」です。今にも開こうとしていることが原義で、活動の開始のみに焦点が当てられる語です。一方、start の語源は「飛び跳ねる」です。急に活動状態に入るという突発性や運動性に焦点があります。この違いは、**His name begins with the letter F.**（彼の名前は F の文字で始まります）と **The dinner starts with soup.**（夕食はスープで始まります）で明確になるはずです。

　両者の違いを簡潔に言えば、突発性や運動性があれば start で、なければ begin ということになります。この点に関しては、それぞれの名詞形の beginner と starter にはっきり表れます。**beginner**（初心者）には、運動性は感じられませんが、**starter** は「（レースの）出場者」や「（スポーツの）先発メンバー」で、運動性が感じられます。イギリス英語で、starter と言えば、コース料理で最初に出る料理を指します。

　▶end は finish と同様に活動状態にあったものが静止状態になる、つまり、「終わる、終える」の意味です。両者の違いは、begin と start の関係をそのまま当てはめて考えればわかりやすくなります。end は物事の終了時のみに焦点が当てられますが、finish は仕事や動作がその目的を果たし、終了するという違いです。紛らわしいかもしれませんが、「始めから終わりまで」を意味する成句である **from beginning to end** と **from start to finish** で覚えておくと簡単です。マラ

ソンで出発点とゴールは、start line と finish line です。

　終わりと始めのみに焦点が当てられる end と begin の違いを示す好例が、**All is well that ends well.**（終わりよければ全てよし）と **Well begun is half done.**（始めよければ半ばよし）という二つのことわざです。

　▶ finish の語源はラテン語の finire（終わらせる）に由来します。finale は「終曲」、final は「最後の」、fine は罪を清算することから「罰金（を科す）」、finance は「財政」の意味です。define は「de（完全に）＋ fine（終わらせる）」で、限界を定めることから「限定する、定義する」、definite（限定的な、明確な）や infinite（無限な）なども同じ仲間です。

◆ start 【動】始まる、〜を始める
例）The fire started in the kitchen.
（火事はキッチンから発生した）

◆ begin 【動】始まる、〜を始める
例）"When I was a boy," the teacher began.
（「私が少年のころ…」と先生は始めた）

◆ end 【動】終わる、〜を終える
例）This road ends at the railway station.
（その道路は鉄道の駅で終わっている）

◆ finish 【動】〜を終える、終わる
例）Where did you finish in the race?
（そのレースでは何着でしたか？）

Q1
They decided to (finish / end) their relationship.

彼らはお互いの関係を終わらせようと決心した。

Q2
The road (finishes / ends) here.

道路はここで終わっている。

Q3
Two of the runners failed to (finish / end).

2人のランナーがゴールできなかった。

Q4
The story (starts / begins) in a London suburb.

その物語はロンドンの郊外から始まる。

Q5
It's time to (start / begin) dinner.

夕食の時間です。

答え

1　end
　　関係という状態を終わらせるのは end。
2　ends
　　道路には運動性がないので end。
3　finish
　　運動をやめるのは finish。
4　begins
　　物語には運動性や突発性は感じ取れないので begin。
5　start
　　食事を取るという運動性の開始は start。

受ける、受け取る

- ● accept
- ● receive
- ● take
- ● get

accept

快く受け取る

receive

受動的に受け取る

take

モノやお金を受け取る

get

偶発的に受け取る

▶ **accept** の語源は「a(c)（〜の方へ）+cept（つかむ）」で、あるモノに向かって積極的に取りに行くことが原義です。招待・申し出・謝罪などの他、提案や決定などを「快く受け入れる」こと、贈り物を「快く受け取る」ことです。店がクレジットカードを「取り扱う」、販売機がコインや紙幣を「受け付ける」という意味で使うこともできます。

　▶ **receive** の語源は「re（後ろで）+ceive（つかむ）」で、自分の所に来たものを「受ける」「迎える」が原義です。特に望んでいるわけではなく、相手から差し出されたモノを物理的に「受け取る」ことで、改まった場面で使われます。店で会計を済ませた後で受け取る「領収書」は「レシート(receipt)」、会社や病院などの「受付」は reception、披露宴などで招待客を迎え入れる「宴会」も reception（レセプション）です。

　accept と receive にある語根の cept と ceive は印欧祖語（いんおうそご）（インド・ヨーロッパ語族に属する諸言語の共通の祖先語）で「つかむ」という意味の kap に由来します。同じ語根を持つ単語に、except は「ex（外に）+cept（つかむ）」で、つかみ出すことから「〜以外に」、concept は「con（共に）+cept（つかむ）」で、みんなが共通して持っているものから「概念」、intercept は「inter（間に）+cept（つかむ）」から「横取りする」、perceive は「per（完全に）+ceive（つかむ）」から「理解する、知覚する」などがあります。また、「調理法」の recipe（レシピ）は receive と同じ語源で、かつて医師が薬剤師に「これらの薬を取り上げて調合せよ」と指示した「処方箋」が元の意味でした。

　▶ **take** は差し出されたモノや、代金・報酬としてお金を「受

け取る」ことで、他に忠告を「受け入れる」という意味で使うこともできます。accept と同様に、店がクレジットカードを受け付けたり、販売機などの機械やシステムがカード・コインを受け付ける意味で使うことができます。

⏵ get は take と同様に、I got an e-mail from Yoko. （ヨーコからメールをもらった）のように、自分の意思に関係なく、差し出されたモノを「受け取る」ことですが、被害や損害などを偶発的に「受ける」ことです。He got life in prison. なら「彼は終身刑をくらった」です。

◆ accept 【動】～を受け入れる、～を受け取る、～を認める
例）We accepted the invitation to the party.
（私たちはパーティーの招待を快く受け取った）
◆ receive 【動】～を受け取る、～を歓迎する
例）I haven't received a call from him yet.
（彼からまだ電話をもらっていません）
◆ take 【動】～を受け取る、（忠告）に従う
例）He reluctantly took my advice.
（彼はしぶしぶ私の忠告に従った）
◆ get 【動】（被害・損害・弾丸・一撃など）を受ける
例）The police officer got a bullet in the chest.
（その警察官は胸に銃弾を受けた）

Q1
I (received / got) a cold from Taro.

タローに風邪をうつされた。

Q2
You should (receive / take) your doctor's advice.

医者の忠告には従ったほうがいいでしょう。

Q3
No credit cards are (received / accepted) in this country.

この国ではどんなクレジットカードも扱っていない。

Q4
Your offer will be warmly (received / taken).

あなたの申し出は温かく受け入れられるでしょう。

Q5
Do you (receive / take) a credit card?

クレジットカードは扱っていますか。

答え

1　got
　　「被害や損害を受ける」のは get。
2　take
　　「忠告に従う」は take。
3　accepted
　　「クレジットカードを受け付ける」のは accept。
4　received
　　「迎え入れる」のは receive。
5　take
　　「クレジットカードを受け付ける」のは accept か take。

食べる、飲む

- ● eat
- ● drink
- ● have
- ● take

eat

口に入れて食べる

drink

容器から飲む

have

食事をとる

take

薬を飲む

▶ eat は、日本語の「食べる」に相当する語で、基本的にはモノを口の中に入れて噛んで飲み込む行為に焦点が当てられます。自動詞と他動詞の両方の用法がありますが、自動詞の場合は、**Where shall we eat tonight?**（今夜はどこで食事をしましょうか）とか、**We usually eat at seven.**（普段は7時に食事をします）のように使います。他動詞としては、**Lions eat meat.**（ライオンは肉食だ）や **Would you like something to eat?**（何か食べ物はいかがですか）のように使うように、特に口を動かす行為が強調されることになります。ですから、ダイエット中の娘にカロリーのことばかり考えていないで、「ちょっとは口を動かしなさい」という意味で、Eat your dinner.（全部食べなさいよ）の意味で使うことができます。参考までに、略式で、**I could eat a horse.** という表現がありますが、これは「馬一頭でも食べられるかも」の意味から「腹ペコです」の意味で使われます。

▶ drink は、グラスやコップなどの液体の入った容器から直接、口の中に入れて飲み込む行為に焦点が当てられます。日本語では「スープを飲む」と言いますが、英語ではコップから直接、口に入れる場合は **drink soup** と言ってもかまいませんが、スプーンを使って飲む場合には別の表現をします。このように、eat や drink は、飲み込むという直接的な行為を強調するので「昼食を取る」とか「コーヒーを飲む」を eat lunch とか drink coffee という表現はあまり好まれません。こんな時に使える動詞が have です。

▶ have は、状況によって様々な意味を持つ多義語ですが、eat や drink の上品な言葉として使うことができます。「コーヒーはいかがですか」は **Won't you have some coffee?**、「今

日はイタリアレストランで昼食を取りました」は、**I had lunch at an Italian restaurant today.** とします。先ほどの、スプーンを使って「スープを飲む」のも、食べる行為を強調したければ eat soup ですが、**have soup** が上品な表現です。レストランで「コーヒーをお願いします」なら、**I'll have some coffee.** で、I'll drink some coffee. とは決して言いません。ただし、レストランの店員さんが客に「お飲み物は何になさいますか」は、have だと食べるのか飲むのかがはっきりしないので、**What would you like to drink?** と言います。

▶ take は、特に「薬を飲む、薬を服用する」という意味で使う他、主に医者が患者に、**You should avoid taking salty food.**（塩分の多い食べ物は取るのは避けた方がいいですよ）のように使うことはあります。

◆ eat 【動】〜を食べる、食事をする
例）I don't want to eat anything today.
（今日は何も食べたくない）
◆ drink 【動】〜を飲む
例）What are you drinking?
（何飲んでるの？）
◆ have 【動】（食べ物や飲み物）を取る
例）Will you have another glass of beer?
（ビールをもう一杯いかがですか）
◆ take 【動】（薬）を飲む・取る
例）Take this medicine three times a day.
（1日3回この薬を飲んでください）

Q1
The doctor told me to (drink / have) a bottle of milk every day.

医者は毎日牛乳を一本飲むように私に言った。

Q2
Would you like something to (drink / have)?

何か飲み物はいかがですか。

Q3
He always takes a long time to (eat / have) dinner.

彼はいつも食事に時間をかける。

Q4
What time do you usually (eat / have) dinner?

普段は何時に夕食を取りますか。

Q5
The doctor gave me some medicine to (have / take) for my cough.

医者は咳止め用の薬を私にくれた。

答え

1 drink
一本の牛乳を飲む行為は drink。
2 drink
have では食べ物か飲み物かはっきりしないので、drink。
3 eat
食べる行為に時間をかけるのは eat。
4 have
「食事を取る」のは have。
5 take
薬を服用するのは take。

引く

- ◉ pull
- ◉ draw
- ◉ drag
- ◉ tug
- ◉ haul

pull

自分の方にグイッと引く

draw

ゆっくりなめらかに引く

drag

引きずる

tug

いきなり
グイグイ引く

haul

引きずり上げる

⊙ **pull** は、対象となるものをしっかりと握り、自分がいる方向、または自分が移動している方向に近づけるように<u>力を込めてグイッと移動</u>することです。たとえば、**pull the door open**（ドアを引き開ける）なら手前に引く感じで、**pull the shopping cart**（ショッピングカートを引く）なら自分が進む方向へ引くことになります。これらの移動は水平方向ですが、垂直方向でもかまいません。

⊙ **draw** は、draw a line で「線を描く」ですが、紙に鉛筆で線を引くように、<u>安定した速度と力でゆっくりと滑らかに引く</u>ことで、対象となるモノと接触面との間に生じる摩擦を感じさせないことに焦点が当てられます。pull the curtain も **draw the curtain** もどちらも「カーテンを閉める」ことですが、pull がグイッと引っ張るのに対して、draw の方が上品さを感じさせます。

draw はあまり力を入れずに引くことを暗示させるので、重さを感じさせないモノを目的語にとることができます。「くじを引く」のは、**draw a lottery prize**、「お金を銀行から引き出す」のは、**draw money from the bank**、「彼は美女に目を奪われた」なら、**His eyes were drawn to the beautiful girl.** です。また、自動詞として、音を立てずにそっと近づくニュアンスで、**The winter vacation is drawing near.** なら「冬休みが近づいている」です。

アイコン上にマウスのカーソルをあわせ、マウスの左側のボタンを押したままの状態でアイコンを動かす操作を「ドラッグ＆ドロップ（**drag and drop**）」というのがあります。

このように、⊙ **drag** は、水平または斜め上の方向に「<u>引きずる</u>」ことで、対象となるモノと接触面との間に摩擦が生じることを暗示させます。**I dragged my son to the hospital.**（私は息子を無理やり病院に連れて行った）のように、対象が

人の場合は、嫌がる人を無理やり行かせることになります。
自動詞の場合は、服が地面を引きずったり、話などがだらだ
ら続くことを表します。

⊙**tug** は、「争奪戦」や「綱引き」を **tug-of-war** と言うよ
うに、対象となるモノに力を入れていきなりグイッと何度も引
っ張ることです。釣り人が海に垂らした糸の先のエサに魚が
食らいつき、グイグイッと引っ張ったのなら、A fish tugged
at the bait. です。

⊙**haul** は、クレーン車が川に落ちた車を引きずり上げる
ように、重いモノをゆっくりと連続した動きで苦労して引
っ張ることに焦点が当てられます。重いモノを車や貨車で
「運搬する」という意味もあります。

◆ pull 【動】〜を引く、〜を引っ張る
例）He pulled the drawer open.
（彼は引き出しを開けた）

◆ draw 【動】〜を引く、〜を描く〜を引き出す
例）He drew a circle.
（彼は円を描いた）

◆ drag 【動】（〜を）引きずる、〜を無理やり連れて行く、
だらだらと続く
例）Don't drag the chair. It'll damage the floor.
（イスを引きずらないで。床に傷がつくから）

◆ tug 【動】〜を強くグイッと引っ張る
例）The boy tugged at his mother's hand.
（少年は母親の手をグイッと引っ張った）

◆ haul 【動】〜をグイッと引きずる、〜を運搬する
例）The boat was hauled up onto the bank.
（船は土手に引き上げられた）

Q1
Can you (draw / drag) the curtains?

カーテンを閉めてくれますか。

Q2
The girl (tugged / dragged) at my hand.

少女は私の手をグイッと引っ張った。

Q3
Your dress is (drawing / dragging) on the floor.

あなたのドレス、床を引きずっていますよ。

Q4
Don't (drag / pull) my hair.

髪の毛を引っ張らないで。

Q5
The cattle were (dragged / hauled) to market.

家畜は市場へ運搬された。

答え

1 draw
カーテンを閉めるのに摩擦は感じさせないので、draw。
2 tugged
力を込めてグイッと引っ張るのは tug。
3 dragging
服が地面を引きずるのは drag。
4 pull
グイッと引っ張るのは pull。
5 hauled
車や貨車で「運搬する」のは haul。

押す

- ● push
- ● press
- ● shove
- ● thrust

push

押す

press

押し付ける

shove

押しのける

thrust

押し込む

⏵ push（押す）は pull（引く）の対義語で、手・腕・肩などを使って下線自分とは反対側の方向へ力を加えて動かすことです。push the door open（ドアを押し開ける）や push the boy on the swing（ブランコに乗った少年を押す）のように、動作の対象になるモノは動かせるモノになります。

⏵ press は名詞形の pressure（圧力）という言葉からも想像できるように、動かないモノに対して圧力を加えることで、日本語の「押し当てる」や「押し付ける」がぴったりです。「ボタンを押す」という意味の push the button と press the button の違いも、これらの違いを当てはめると簡単に理解できます。つまり、前者は視点がボタンのみに置かれており、ボタンが動いているイメージなのに対して、後者は機械や装置の一部としてのボタンに視点が置かれているために、ボタンが動いているという意識が働いていないという違いです。したがって、テレビのリモコンはスイッチを指で押さえてチャンネルを変えることになるので、press the button が自然な言い方だと言えましょう。

同様に、パソコンのキーボードも、それ自体が動いているというイメージではないので、push the keyboard ではなく、press the keyboard と言うことになります。

press はさらに、press the wrinkles out（アイロンでしわを伸ばす）ように、対象となるモノを押した結果、それに影響を与え変化させることを暗示させます。They press grapes to make wine.（ブドウを絞ってワインをつくる）なら、ブドウに圧力を加えたことでワインがつくられることになります。

しかしその反面、たとえば、子供がよくやるように、ガラスに押し当てた顔は、対象物のガラスの方が強いために逆に影

響を受け、変形することになります。

　press も push も物理的な意味で「押す」だけでなく、精神的な圧力をかける場合にも使われますが、push の方が語調が強く、**He pushed me to pay for the bill.**（彼は代金を私に払えと強要した）のように、強要することを表します。

　▶ shove は push よりも語調が強く、手や肩を使って、<u>いきなり荒っぽく無造作に押す</u>イメージです。大きくて重たいモノを押す場合に使われることが多く、**He shoved everyone aside to get a better view.**（彼はもっといい景色を見ようと皆を押しのけた）のように、特に人ごみで人を押しのけて進むような場合に使います。

　▶ thrust は、目の前に札束を差し出された時に相手の気持ちが変わらないうちに、それをポケットに押し込むように、何かの衝動や刺激があって<u>突然、強引にグイッと押す</u>感じです。

◆ push 【動】（〜を）押す
例）He pushed (his way) through the crowd.
（彼は群衆を押しのけて進んだ）
◆ press 【動】（〜を）押す・押し付ける
例）He pressed his hands against the door.
（彼は両手をドアに押し付けた）
◆ shove 【動】（〜を）押す、〜を押しのける
例）He shoved her towards the door.
（彼は彼女をドアに押し付けた）
◆ thrust 【動】（〜を）グイッと押す、〜を押し込む
例）He thrust the money into his bag.
（彼はそのお金をバッグに押し込んだ）

Q1
Don't (press / push) me forward.

前に押すなよ。

Q2
Can you teach me how to (shove / press) flowers?

押し花の作り方を教えてくれますか。

Q3
He (pushed / shoved) her to marry.

彼は彼女に結婚を迫った。

Q4
He (pressed / shoved) me roughly towards the door.

彼は乱暴に私をドアに押し付けた。

Q5
She (pressed / pushed) the door open.

彼女はドアを押し開けた。

答え

1　push
　動くモノを押すのは push。
2　press
　花に圧力を加えて押し花を作るのは press。
3　pushed
　精神的な圧力をかけるのは push。
4　shoved
　荒っぽく押し付けるのは shove。
5　pushed
　press は動かないものに圧力を加えるので、
　ドアを開ける場合は push。

close

徐々に閉める

shut

一瞬で閉める

slam

バタンと閉める

lock

カギをかけて閉める

▶ close は、太陽が沈むにつれて朝顔の花がつぼむように、閉める動作を開始してから終了するまでの過程に焦点が当てられます。「夜になると花は閉じる」なら、**Flowers close at night.** です。徐々にゆっくりとした動きを暗示させますので、「ドアを静かに閉める」なら close the door quietly、「窓を少し閉める」なら close the window a little です。恋人に誕生日のプレゼントをあげる時には、**Close your eyes - I've got a surprise for you.**（目を閉じて、びっくりさせるものがあるから）と言ってから差し出します。催眠術師が被験者にかける言葉も Close your eyes.（目を閉じてください）、歯科医が患者さんに言う「口を閉じてください」も **Close your mouth.** です。

　また、お店が close するなら、営業を終了することになるので、**All the shops close at 8 o'clock.** なら、「全ての店は8時に閉まります」で、CLOSED と表示があったら、「閉店中」です。

　▶ shut は、閉める動作を開始してから閉め終わる動作までの一連の行為を一瞬のうちに終えてしまうことに焦点が当てられます。ですから、閉める行為を途中でやめて、shut the window a little.（ちょっと窓を閉めてください）と言うことはできません。

　徐々にゆっくりとした動きを暗示させる close が二重母音であるのに対して、一瞬の動きを表す shut が短母音であるのに着目すると両者の違いがうなずけます。shut は一瞬の行為なので、目の前に急に虫が飛んできて反射的に目をつぶるのが、**I shut my eyes.** というのが自然ですし、逆に「ドアを静かに閉める」のは shut the door quietly というのも不自然でしょう。**Close your mouth.**（口を閉じてください）に対して、**Shut** your mouth! や **Shut up!** だと「黙りなさい！」です。

⊚ slam は、**I hear a car door slam.**（車のドアがバタン
と閉まる音が聞こえた）のように、日本語の「ピシャリと閉める」
とか「バタンと閉める」に相当する語で、特に腹を立てながら
大きな音を出して強く閉めることを暗示させます。

⊚ lock は、**Don't forget to lock the door.**（忘れずに
ドアのカギを閉めてくださいね）のように、単にカギをかけて
閉めることです。

◆ close 【動】（〜を）閉じる、（〜を）閉める
例）Close your book.
（本を閉じなさい）
◆ shut 【動】（〜を）閉じる、（〜を）閉める
例）Will you shut the door?
（ドアを閉めてくれますか）
◆ slam 【動】（〜をピシャリと・バタンと）閉める
例）He slammed the door (shut).
（彼はドアをバタンと閉めた）
◆ lock 【動】〜にカギをかける
例）Did you lock the bike?
（自転車にカギをかけましたか）

Q1

He (closed / shut) the door in my face.

彼は私の鼻先でドアを閉めた。

Q2

Do you mind if I (close / shut) the window a bit?

ちょっと窓を閉めてもいいでしょうか。

Q3

(Close / Shut) your eyes and make a wish.

目を閉じて願い事をしてごらんなさい。

Q4

Remember to (close / lock) the door when you leave.

出る時は忘れずにドアにカギをかけて。

Q5

She (closed / slammed) the door so hard the glass cracked.

彼女はドアをバタンと閉めたのでガラスにひびが入った。

答え

1 shut
鼻先で一瞬で閉めたことを暗示させるので、shut。
2 close
少しだけ閉めるのは close。
3 Close
願い事をしながらゆっくり目を閉じることが
暗示されているので、close。
4 lock
カギをかけるのは lock。
5 slammed
ドアをバタンと強く閉めるのは slam。

教える

- tell
- show
- teach
- instruct
- educate

tell

口頭で教える

show

実際に見せて教える

teach

学問や技能を
教える

instruct

順序だてて
教える

educate

教育する

46

◉ tell（言う）は、**tell the truth**（本当のことを言う）のように内容を伝えることは「話す、言う」の項（p.14）で学習しましたが、基本的には言葉で情報を伝えることで、「教える」という日本語が当てられることがあります。たとえば、「駅に行く道を教えてくださいますか」なら、**Could you tell me the way to the station?** です。道・名前・秘密など相手の知らない情報を言葉で「教える」のが tell です。

◉ show は「見せる」とか「示す」というのが基本義ですが、「教える」という意味では、地図を描いて道案内をしたり、実際にその場に連れて行って教えることです。ですが、通りすがりの見知らぬ人に、Could you show me the way to the station? と聞くのは礼を欠いた質問になります。

◉ teach は、体系だった知識を教えるという意味の最も一般的な語で、学問や学科だけでなく、技能を教えることにも使うことができます。teach は自動詞として、**He teaches at this school.**（彼はこの学校の教師だ）のように使うことができますが、目的語を取る時は、教える人は先生に限りません。「お母さんはカレーライスの作り方を教えてくれた」なら **My mother taught me how to cook curry and rice.** です。

◉ instruct は、語源は「in（上に）+struct（たてる）」で、積み上げることが原義です。改まった場面で、実用的な技能や特別な知識を身に付けさせるために命令や助言を与えながら順序だてて教えることです。フィットネスクラブやスイミングスクールで教える指導教官が「インストラクター（**instructor**）」です。

▶ educate は語源は「e（外に）+duc（導く）+ate（動詞語尾）」で、潜在的に持った能力を引き出すことが原義で、長期間に渡って幅広い知識を与えながら子供たちを教える、つまり、「教育する」ことです。教えることによって大きな結果をもたらすことを暗示させる語です。

◆ tell 【動】（名前、道、秘密など）を教える
例）Could you tell me your phone number?
（電話番号を教えてくれますか）

◆ show 【動】（地図を描いたりして）を教える
例）Could you show me where I am on this map?
（この地図のどこにいるか教えてくれますか）

◆ teach 【動】（体系的な学問や技能）を教える
例）He taught me how to swim.
（彼は泳ぎ方を教えてくれた）

◆ instruct 【動】（順序だてて）を教える
例）He instructed me in the basics of tap dancing.
（彼はタップダンスの基本を教えてくれた）

◆ educate 【動】を教育する
例）She was educated in Paris.
（彼女はパリで教育を受けた）

Q1
He (taught / instructed) the children in basic reading skills.

彼は子供たちに基本的な読む技能を教えた。

Q2
(Teach / Tell) me about what you saw there.

そこで見たことについて私に教えてください。

Q3
He (told / taught) me how to ride a horse.

彼は乗馬の仕方を教えてくれた。

Q4
We should spend more money on (instructing / educating) our children.

子供たちの教育にもっと多くのお金を使うべきだ。

Q5
He (taught / showed) me the way to the airport.

彼は地図を描いて空港までの道を教えてくれた。

<table>
<tr><td rowspan="5">答え</td><td>1</td><td>instructed
読む技能を順序だてて教えるのは instruct。</td></tr>
<tr><td>2</td><td>Tell
見たことを言葉で伝えるのは tell。</td></tr>
<tr><td>3</td><td>taught
体系だった技能を教えるのは teach。</td></tr>
<tr><td>4</td><td>educating
子供たちを教育するのは educate。</td></tr>
<tr><td>5</td><td>showed
地図を描いて道を教えるのは show。</td></tr>
</table>

見る

- see
- watch
- look
- glance

see

目に入る

look

意識して見る

watch

じっと見る

glance

ちらっと見る

◉ see は、見ようという意識のあるなしにかかわらず、対象となるモノを視覚として脳内に取り込むことで、物理的なモノが自然と「見える」だけでなく、内容的なモノを見る、つまり、何かを「確かめる」「調べる」「理解する」などの意味もあります。相手の言ったことに対して、「なるほど！」とうなずく時には、**I see.** ですし、「私の言っていることがわかりますか」なら、**Do you see what I mean?** です。

◉ look は、ある特定のモノを見ようと意識しながら、注意して一定の方向へ視線を向けることで、主に、静止しているモノを見る場合に使う動詞です。**If you look carefully, you'll see Mt. Fuji in the distance.**（注意して見れば、遠くに富士山が見えます）という一文に see と look の違いが端的に示されています。

◉ watch は、空を飛んでいるカラスや電線に止まっているカラスのように、動いているモノや動く可能性のあるモノに、注意を集中させて長い間、見たり観察したりすることを表す動詞です。鳥の行動や生態を観察する人たちが「バードウォッチャー (**birdwatchers**)」です。**Look at my bag.**（私のバッグを見て）は単に相手の視線を私のバッグに向けて、と言っているのに対して、**Watch my bag.** だと泥棒に持って行かれないように「バッグを見てて」の意味になります。

このように、watch は、動きのあるモノを目を追って見ることなので、「2 時間ビデオを見る (**watch a video for two hours**)」や「夜遅くまでテレビを見る (**watch TV till late at night**)」のように使います。「映画を見る」は映画館で見るなら、大きな画面が自然と目に映る感じなので、**see a movie** と言うのに対して、ビデオで映画を見るなら **watch a movie** と

言うのが自然です。

⏵ **glance** は、何か気になることがあったり、急いでいる
時などに「ちらっと見る」、新聞などに「ざっと目を通す」こと
です。catch a glimpse of 〜も「ちらっと見る」ですが、
glance が意識的に見るのに対して、こちらは偶然に見るとい
う点で異なります。

◆ see 【動】（自然に、意識して）見える・見る
例）Can you see a church on the hill?
（丘の上に教会が見えますか）
◆ look 【動】（意識して）見る
例）Look at the blackboard.
（黒板を見てください）
◆ watch 【動】じっと見る、観察する
例）Did you watch the baseball game last night?
（昨夜、野球の試合を見ましたか）
◆ glance 【動】ちらっと見る
例）He glanced at his watch.
（彼は時計をちらっと見た）

Q1
He (watched / glanced at) himself in the mirror.

彼は鏡に映った自分の姿をちらっと見た。

Q2
It was too dark to (see / watch) anything.

暗くて何も見えなかった。

Q3
(Look at / Watch) me while I'm talking.

話している時は私を見て。

Q4
Come over here and (watch / look at) this painting.

こっちに来て、この絵を見てごらん。

Q5
Let's stay home and (see / watch) a video.

家にいてビデオを見よう。

答え

1　glanced at
「ちらっと見る」のは glance。
2　see
視界に入って自然に目に映るのは see。
3　Look at
話をしている私に視線を向けるのは look at。
4　look at
動かないモノを見るのは look at。
5　watch
ビデオを見るのは watch。

欲しい、願望する

- **want**
- **wish**
- **hope**
- **desire**

want

欲求する

wish

願望する

hope

希望する

desire

切望する

⏵want は、手に入るかどうかは問題にせず、単に欲しいから欲しいという本能的な欲求、全体の一部が欠けているために、その穴の部分を埋めたいという直接的な欲求を表します。たとえば、砂漠を旅していて喉がからからに乾いたら、I want to drink water.（水が飲みたい）、砂漠に育った植物なら、The plant wants watering.（その植物は水が必要だ）ですし、また名詞形の want なら、The plant died for want of water.（その植物は水分不足で枯れた）です。want は直接的な願望なので、他の wish や hope と異なり、I want that SV ～というような間接的な欲求を伝える表現がありません。

⏵wish は、I wish I were a bird.（鳥になれたらなあ）のような仮定法で頻繁に使われることを考えてみればわかるように、実現性に乏しい願望を表すことが多く、手に入れる条件はそろっていないので難しいけれど、できればそうなってほしいという控えめな気持ちを表しています。また、wish は、I wish you a Merry Christmas.（楽しいクリスマスをね）のように良いことが起こってほしいという気持ちを表すこともできます。

⏵hope は、十分な根拠はないけれど、実現する可能性は少しはあると信じてやまない気持ちを表す語です。want のように直接的な願望ではないので、直後に目的語を取ることができません。「平和を望む」を hope peace ではなく、間接的に要求を表す前置詞の for と結びついて、hope for peace とします。hope / wish for ～の形で「～を切望する」という意味になります。

⊙ desire は、語源は「de（離れて）＋sire（星）」で、「自分の幸運の星が空から出てきてほしい」が原義で、強く望む気持ちを表します。want の改まった表現で、「切望する」ことです。

◆ want 【動】〜がほしい、〜が不足している
【名】欲求、不足
例）I want to eat ice cream.
（アイスクリームが食べたい）

◆ wish 【動】〜を願望する　【名】願望、願い事
例）I wish you would stop smoking.
（あなたが禁煙してくれればいいのですが）

◆ hope 【動】〜を希望する　【名】希望、望み
例）I'm hoping the company gives us a bonus this year.
（今年は会社からボーナスが出るといいのですが）

◆ desire 【動】〜を切望する　【名】願望、切望
例）They don't really seem to desire change.
（彼らは本当に変化を切望しているわけではないようだ）

Q1
The president (wants / desires) to meet the new prime minister.

大統領は新しい総理大臣に会うことを切望している。

Q2
Who (wants / hopes) ice cream?

アイスクリームが食べたいのは誰ですか。

Q3
What this story (wants / hopes) is suspense.

この物語に欠けているのはサスペンスです。

Q4
I (hope / wish) the plane won't be delayed.

飛行機が遅れないといいのですが。

Q5
I (hope / wish) I could afford a new car.

新しい車が買えるらいいのですが。

答え

1 desires
   改まった場面での願望や切望は desire。

2 wants
   直後に「アイスクリーム」という名詞を目的語に
   取ることができるのは want。

3 wants
   「欠ける」は want。

4 hope
   飛行機が遅れないことを期待する気持ちは hope で表す。
   wish の場合は、won't は wouldn't になる。

5 wish
   実際には買えないので仮定法の wish。

会う

- ⊙ meet
- ⊙ see
- ⊙ encounter

meet

初めて会う

see

2回目以降に会う

see

約束して会う

encounter

思いがけず出くわす

▶ meet は、語源的には古英語の「見つける」に由来し、本来は偶然性を暗示させる動詞です。**I unexpectedly met John on the train.**（列車で思いかけずにジョンに会った）や **Where did you first meet your husband?**（ご主人と初めて会ったのはどこですか）のように使います。初対面の人との挨拶の決まり文句は、**It's nice to meet you.**（初めまして、よろしく）と言うように、初めて会う時には meet を使います。また、別れ際には「お会いできてよかったです」の意味で、**It was nice meeting you.** と言います。この他に、meet は駅や空港などで人を「出迎える」という意味でも使うことができますが、この場合は受動態で表すこともできます。**I was met at the airport by many people.** なら「私は空港でたくさんの人たちに出迎えられた」です。

▶ see は、初めて会う meet に対して、2回目以降に会う時に使います。「またお会いできて光栄です」は **It's nice to see you again.** で、くだけた場面で、しばらく会っていなかった人には、**Long time no see.**（久しぶり）、別れ際の挨拶は、**See you later.**（じゃあ、また後で）とか具体的に会う日が決まっていれば、**See you on Monday.**（じゃあ、月曜日にね）、「また遊びに来てね」なら **Come and see me again.** のように言います。

挨拶の場面以外では、see は約束して誰かに会うことで、対象になる人は医者・弁護士・学校の先生・入院患者などに限定され、**The president can only see you for ten minutes.**（社長は10分間だけお会いできます）や **The lawyer is seeing his client at noon.**（その弁護士は正午に依頼人に面会予定です）のように使います。

さらに、see は、**I'm seeing Keiko.**（ケイコと付き合って

います）のように、主に進行形で「〜と付き合っている」の意味もあります。

　▶ encounter は、思いがけない偶然の出会いや、敵・危険・困難な状況に出合う（直面する）という意味で、改まった場面で使われます。

◆ meet 【動】（〜に）会う
例）It was in Hawaii that I met Seiko.
（私がセイコに会ったのはハワイでした）
◆ see 【動】〜に会う、〜を見る、〜と面会する
例）I went to the hospital to see my friend.
（友達の見舞いに病院に行った）
◆ encounter 【動】（偶然）〜に出会う（出合う）
例）He encountered a bear in the mountain.
（彼は山で熊に遭遇した）

Q1

He (saw / encountered) many problems when he started this job.

彼はこの仕事を始めた時に多くの問題に直面した。

Q2

How did you (meet / see / encounter) your husband?

ご主人とはどのように出会ったのですか。

Q3

I hope to (meet / see / encounter) you again.

またお会いできるといいですね。

Q4

I have been (meeting / seeing / encountering) her for ten months.

彼女と付き合って10カ月になる。

Q5

You should (meet / see / encounter) a doctor.

医者に診てもらったほうがいいよ。

答え

1 encountered
「直面する」のは see ではなく、encounter。
2 meet
偶然の出会いや初めて会うのは meet。
3 see
二回目に以降に会うのは see。
4 seeing
see は進行形で「付き合う」。
5 see
医者との面会は see。

見つける

- find
- invent
- locate
- discover
- detect

find

努力して見つける

discover

覆いをとって見つける
⇒発見する

invent

新たに創り出す
⇒発明する

detect

隠れているものを
調べて見つける
⇒探知・検出する

locate

位置・場所を
見つける

▶ **find** は「見つける」という意味では最も口語的で一般的な単語です。偶然見つける場合のほか、見つけようと努力して見つける場合にも使うことができます。後者の場合は、何か新しいものや失くしたものを見つけることです。

　▶ **discover** の語源は「dis（でない）＋ cover（覆う）」で、覆いを取ることが原義です。find と同様に見つけるのは偶然でも意図的でもかまいませんが、意図的に見つける場合は、見つけた人にとってそれが初めてのモノで、それを自分のものにしたことを暗示します。名詞形は **discovery**「発見」です。

　▶ **invent** の語源は「in（上に）＋ vent（来る）」で、「上に出て来る」が原義です。今まで存在しなかったものを新たに創り出す、つまり、「発明する」ことです。名詞形は **invention**（発明）、形容詞形は **inventive**（創意に富む）です。語根の vent はラテン語の venire（来る、行く）に由来し、event は「e（外に）＋ vent（来る）」から「出来事」、adventure は「ad（〜の方へ）＋ vent（行く）＋ ure（名詞語尾）」から「冒険」となります。venture は「冒険的事業」や「あえて〜する」です。また、convenient は「con（共に）＋ veni（来る）＋ ent（形容詞語尾）」で、いつも一緒についてくることから「便利な」となります。prevent は「pre（前に）＋ vent（来る）」から「妨げる」、convention は「con（共に）＋ vent（行く）＋ ion（名詞語尾）」から「慣例、集会」です。

　▶ **detect** の語源は「de（でない）＋ tect（覆う）」で、覆いを取ることが原義です。偶然見つけることもありますが、基本的には、部分的に隠れているものやはっきりしないものを計画的な調査や正確な観察を通じて見つけることを暗示します。

detect a cancer（がんを見つける）や detect a mistake（間違いを見つける）など、見つけるものは悪事・秘密など良からぬものが対象です。名詞形には detection（発見）と detector（検知器）があります。

▶ locate はラテン語の「置く」という意味の locare に由来します。Can you locate the zoo on this map?（この地図で動物園がどこにあるか見つけられますか?）のように、<u>ある空間や場所の中から人やものを見つける</u>ことです。名詞形は location（位置、場所）で、local（地元の）や locomotive（機関車）なども同語源です。

◆ find 【動】〜を見つける
例）Where did you find my missing watch?
（私のなくした時計をどこで見つけましたか?）
◆ discover 【動】〜を発見する、〜を見つける
例）Who first discovered this island?
（この島を最初に発見したのは誰ですか?）
◆ invent 【動】〜を発明する、〜をでっちあげる
例）Who invented the lightbulb?
（電球を発明したのは誰ですか?）
◆ detect 【動】〜を発見する、〜を探知する
例）It isn't so difficult to detect buried landmines.
（埋められた地雷を探知するのはそれほど難しくはない）
◆ locate 【動】（人・ものの場所）を発見する
例）The police finally located the suspect.
（警察はついに容疑者の居場所を見つけた）

Q1

The earliest breast cancers can be (detected/located)by a mammogram.

最も初期の乳がんでもマンモグラムで発見できる。

Q2

The Greeks (found/invented)the word democracy.

ギリシャ人は democracy（民主主義）という言葉を発明した。

Q3

I (invented / found) a nice restaurant near my office.

会社の近くに素敵なレストランを見つけた。

Q4

Uranus was the first planet (detected / discovered) with a telescope.

天王星は望遠鏡で発見された最初の惑星だった。

Q5

The suspect was identified and (detected / located) within hours of the incident.

容疑者は事件の数時間以内に特定され、居場所が発見された。

答え

1 detected
乳がんなど見つけにくいものを発見するのは detect。
2 invented
その時までに存在しなかった新たな言葉を
創り出すのは invent。
3 found
偶然に初めて見つけるのは find。
4 discovered
初めて見つけるのは discover。
5 located
居場所を発見するのは locate。

考える・
話すときの
単語選び

Chapter

2

決める
- decide
- determine
- resolve
- choose

decide
スパッと決める

determine
じっくり考えて決める

resolve
解きほぐす
⇒解決策を決める

choose
選んで決める

▶ **decide** の語源は「de（離れて）＋ cide（切る）」から切り離すこと、つまり、もやもやしていた気持ちや同意に達していない状態を一刀両断に断ち切るという含みがあります。決定の到達までに至るプロセスではなく、決定するという行為や、すでに打ち切られた後の状態に焦点が当てられます。問答無用の断固たる決定で、名詞形が **decision** です。

　語根の cide はラテン語で「切る」の意味です。同じ語根を持つ単語に、「scis（切る）＋ or（もの）」⇒ scissors（はさみ）、「sui（自分）＋ cide（切る）」⇒ suicide（自殺）、「herb（草、ハーブ）＋ cide（切る）」⇒ herbicide（除草剤）、「insect（昆虫）＋ cide（切る）」⇒ insecticide（殺虫剤）などがあります。

　▶ **determine** の語源は「de（完全に）＋ term（境界）＋ ine（動詞語尾）」から、「しっかりと境界を定める」が原義です。決定の到達に至るまでのプロセスに焦点が当てられる語です。様々な問題点への熟慮・検討・調査・発見などを通して確信を持って決定に達したことを暗示させる語です。例えば、**He decided to be a musician.** は「彼がミュージシャンになることに決めた」で、decided を determined に変えれば、諸事情を考慮した上で確信に至ったことを示唆しています。**He is determined to be a musician.** のように受身形にすると、確信の度合いが強調されます。

　語根の term はラテン語で「限界・境界」の意味で、term だけなら「学期・期間・期日」です。terminal は「term（限界）＋ nal（形容詞語尾）」から「末期の・期末の」に、同形の名詞で「終点・ターミナル」となります。また、exterminate は「ex（外に）＋ term（限界）＋ ate（動詞語尾）」から「皆殺しにする」です。映画「ターミネーター（Terminator）」は「term（限界）＋ ate（動詞語尾）＋ or（人）」から「人類を終わらせる者」

が原義です。

⏵ resolve の語源は「re（元に）+ solve（ゆるめる）」で、「心の中のモヤモヤや同意に達していない状態をほどく」が原義。decide や determine よりも強い決意を表します。「新年の決意」が New Year's resolutions、形容詞の resolute は「断固たる」です。

solve は「解決する・解く」、dissolve は「dis（離れて）+ solve（ゆるむ）」から「溶ける」「分解する」です。

⏵ choose は「好み」が語源で、基本的には自分の好みで「選ぶ」という意味です。特に二つまたはそれ以上ある選択肢の中から自分のしたいことを選んで「決める」ことです。

◆ decide 【動】（～を）決定する、（～を）決心する
例）I can't decide what to wear to the party.
（パーティーに何を着て行ったらいいか決められない）

◆ determine 【動】（～を）決定する、（～を）決心する
例）She is determined to become a nurse.
（彼女は看護師になる決意をしている）

◆ resolve 【動】（～を）決定する、（～を）決心する、～を解決する
例）I am resolved not to see him again.
（彼には二度と会うまいと決めている）

◆ choose 【動】～を選ぶ、～することに決める
例）He chose to live in the suburbs of Tokyo.
（彼は東京の郊外に住むことに決めた）

Q1
She is (decided / determined) to get married.
彼女は結婚を決意している。

Q2
I've (decided / chosen) on this jacket.
このジャケットに決めました。

Q3
I am (decided / resolved) not to see him again.
彼には二度と会うまいと決めている。

Q4
A lot of mothers (resolve / choose) to work part time rather than full time.
正規の社員として働くよりパート社員として働くことに決める母親が多い。

Q5
He (decided not / didn't decide) to study abroad.
彼は留学しないことを決めた。

答え

1 determined
be decided to ~ の形はない。
2 decided
decide on ~ で迷った結果「〜に決める」という意味。
3 resolved
be resolved not to ~ で「〜しないことに決めている」
という堅い決心を表す。
4 choose
2 つの中から選ぶことなので、choose を選ぶ。
5 decided not
decide not to ~ で「〜しないことに決める」という意味。

説明する

- **explain** ● **illustrate**
- **demonstrate**
- **describe**

explain

言葉でわかりやすく
説明する

illustrate

図や絵で説明する

demonstrate

実演して説明する

describe

特徴を描写して説明する

⏵ **explain** の語源は「ex（外に）＋ plain（明白な）」で、疑問やはっきりしないものを外に出して明らかにすることが原義です。自分の言いたいことを相手に理解してもらえるように言葉を使ってわかりやすく説明することです。名詞形は **explanation**（説明〈となる言葉〉）です。

plain は名詞で「平原」の意味がありますが、印欧祖語で「平たい」とか「広がる」という意味の pele にさかのぼります。水平飛行をする「飛行機 (airplane)」や「水平面 (plane)」のほか、平面図を設計する plan（計画〈する〉）、平べったい palm（手のひら）なども同じ語源です。pele はゲルマン語経由で p の発音が f に変化し英語の flat（平たい）が生まれました。flatter は「flat（平たい）＋ er（繰り返し）」で、何度も腰を平たくすることから「～をほめる・おだてる」という意味です。

⏵ **illustrate** の語源は「i(l)（中に）＋ luster（光）＋ ate（動詞語尾）」で、「中に光を当てる」ことから、図・絵・例などを挙げて説明することです。名詞形の **illustration** は「さし絵・イラスト」のほかに、「説明・実例」の意味もあります。ラテン語で「輝く・明るくする」を意味する lustrare に由来しますが、さらに印欧祖語で「光」の意味の leuk にさかのぼることができます。illuminate の語源は「照らす・明らかにする」、luminous は「夜行性の」、そして夜空に輝く moon（月）の形容詞は lunar（月の）も同じ語源です。また、「月の女神」は Luna（ルナ）で、大昔、月の満ち欠けが狂気をもたらすと考えられていたことから、lunatic とすると「気がふれた」「変人」の意味になります。

⏵ **demonstrate** の語源は「de（完全に）＋ monster（怪物）

＋ ate（動詞語尾）」が語源ですが、少し説明が必要です。
実は、monster の語源は「mon（示す）＋ ster（もの）」で、
人間の悪行を思い出させるために神が警告の意味で怪物を
創造したことに由来します。要するに、demonstrate は「はっ
きり示す」ことが原義で、実例を挙げ目の前で実演しながら
説明することです。名詞形の **demonstration** は「実演」や、
反対や支持を示す「デモ」です。demonstrator は、商品の
使用方法を「実演する人」のほか「デモ参加者」を指して使
われます。

⦿ describe の語源は「de（下に）＋ scribe（書く）」で、
主に人やモノなどの特徴を述べたり、説明することが原義です。
名詞形の **description** は、言葉による「説明」、つまり「記述・
描写」です。語根の scribe については「描く」の項（p.204）
で詳しく説明します。

◆ explain 【動】（〜を）説明する
例）I'll explain it to you later.
（そのことは後で説明します）
◆ illustrate 【動】（図・絵・例などで）〜を説明する、
〜に挿絵を入れる
例）Will you illustrate this problem with an example?
（例を挙げてこの問題を説明してくれますか？）
◆ demonstrate 【動】（実演して）〜を説明する、〜を証
明する、〜を示す
例）I'll demonstrate how to use this machine.
（この機械の使い方を説明します）
◆ describe 【動】〜の特徴を述べる（説明する）、〜だと言う
例）I was told to describe the man I had seen at the
scene.（私が現場で見た男の特徴について話すように言われた）

Q1

Can you (explain / demonstrate) it in more detail?

もっと詳しく説明していただけますか。

Q2

Words can't (illustrate / describe) its beauty.

言葉でその美しさを説明することができない。

Q3

His job is (demonstrating / explaining) kitchen equipment in a department store.

彼の仕事はデパートでキッチン器具の説明をすることです。

Q4

She (described / illustrated) her point with a diagram on the whiteboard.

彼女はホワイトボードに図表を描いて要点を説明した。

Q5

Will you (demonstrate / explain) the schedule to me?

スケジュールについて私に説明してくれますか。

答え

1　explain
　疑問に対して言葉でわかりやすく説明するのは explain。
2　describe
　言葉で美しさを描写するのは describe。
3　demonstrating
　実演しながら説明するのは demonstrate。
4　illustrated
　図表や絵などで説明するのは illustrate。
5　explain
　ハッキリしていないスケジュールについて
　言葉でわかりやすく説明するのは explain。

読む

- ◉ read
- ◉ devour
- ◉ leaf
- ◉ peruse
- ◉ browse

read

読んで理解する

peruse

頭を駆使して読み通す
⇒精読する

leaf

ページを
さっとめくる

devour

むさぼり読む

browse

拾い読みする

◉ **read** の原義は、声に出しても出さなくても、書かれた言葉や記号を視覚を通して脳内に取り込み理解することです。読み方によって様々な単語がありますが、read 以外の単語は全て声に出さないのが基本です。

◉ **peruse** の語源は「per（通して、完全に）＋ use（使う）」で、完璧に頭を駆使して読むことが原義です。「注意深く読み通す」ことから、読むことが困難で努力を必要とする意味で「精読する」や「熟読する」という訳語になります。日常的な文脈では、例えば、車の運転中に道路標識を読み取る場合にも使うことができます。つまり、短い単語を読む場合にもおどけて用いることができます。

語根の use はラテン語で「使う」という意味の usus に由来します。reuse は「re（再び）＋ use（使う）」⇒「再利用する」、disused は「dis（〜でない）＋ use（使う）＋ ed（〜された）」⇒「すたれた」、abuse や misuse は「ab（離れて）／ mis（誤って）＋ use（使う）」から「悪用（乱用）する」などがあります。

◉ **devour** の語源は「de（下に）＋ vour（飲み込む）」です。胃袋に飲み込むことが原義で、「むさぼり食う」から「むさぼり読む」の意味でも使われます。勉強のために読むのではなく、特定の作家やジャンルのものを夢中になって読むことに焦点をあてて用いることの多い単語です。

語根の vour はラテン語で「飲み込む」という意味の vorare に由来し、主に接尾辞的に使われることが多いようです。carnivorous は「carni（肉）＋ vorous（飲み込む）」から「肉食性の」、herbivorous は「herb（植物）＋ vorous（飲み込む）」から「草食性の」、omnivorous は「omni（全て）＋ vorous（飲み込む）」から「雑食性の」などの意味になります。

⦿ browse は古フランス語で、牛が若葉を見つけて食べることに由来する単語で、店などでいろいろな「商品を見て回る」のほかに、本を「拾い読みをする」という意味もあります。browse in a bookstore（本屋で立ち読みをする）のように使います。

⦿ leaf は樹木の「葉」の意味から転じて、本の紙「一枚」、つまり「裏と表の2ページ分」の意味があります。これが動詞として使われると、ある特定の項目やキーワードとなるものを見つけるために「ページをサッとめくる」や、ページをサッとめくって「ざっと目を通す」という意味で使われます。例えば、旅行中にお目当てのレストランを探すためにガイドブックをサッとめくる感じです。

◆ read 【動】～を（声に出して）読む、～を読み取る
例）The mother read a story to her daughter.
（母親は娘に物語を読んであげた）

◆ peruse 【動】～を精読・熟読する
例）The document takes a long time to peruse.
（その文書を精読するには時間がかかる）

◆ devour 【動】～をむさぼり読む、～をむさぼり食う
例）I've devoured mysteries since I was a child.
（私は子どものころから推理小説をむさぼり読んでいます）

◆ browse 【動】～を拾い読みする、～をぶらぶら見て回る
例）I like browsing in bookstores on weekends.
（週末に本屋で立ち読みするのが好きです）

◆ leaf 【動】ざっと目を通す、ページをサッとめくる
例）I saw her leafing through a magazine.
（彼女が雑誌のページをめくっているのを見た）

Q1
He (read / perused) the poem aloud in front of many students.

彼は多くの生徒の前でその詩を朗読した。

Q2
As a child I used to (read / devour) books.

子供の頃、私は本をむさぼり読んだものだ。

Q3
Why don't you (peruse / browse) through it first?

まずはざっと読んでみない？

Q4
While she was waiting, she (read / leafed) through a travel brochure.

待っている間、彼女は旅行のパンフレットをパラパラめくっていた。

Q5
(Read / Peruse) the report to the end.

最後まで報告書を熟読しなさい。

答え

1 read
声に出して読むのは read。
2 devour
むさぼるように読むのは devour。
3 browse
「ざっと読む」「拾い読みをする」のは browse。
4 leafed
ページ (leaf) を「サッとめくる」のは leaf、read through~ は「最後まで注意深く読む」。
5 Peruse
「熟読する」「精読する」のは peruse。read ~ to the end は単に「最後まで読む」。

同意する

- ● consent
- ● agree
- ● assent
- ● approve

consent

下の者に対して
同意する

assent

同等の者に対して
同意する

agree

快く同意する
⇒賛成する

approve

良いと認める
⇒承認する

▶ **consent** の語源は「con（共に）＋ sent（感じる）」です。相手と同じ気持ちになることが原義ですが、積極的な同意だけに限らず、例えば、The father gave reluctant consent to his daughter's marriage.（父親は娘の結婚にしぶしぶ同意した）のように、消極的な同意を表すこともあります。consent は基本的には上の者が下の者へ許可を与える・認める場合に使われる単語です。My mother consented to my studying abroad.（母は私の留学に同意した）も母親が上で自分が下という含みがあります。

　▶ **assent** の語源は「a(s)（〜の方へ）＋ sent（感じる）」です。相手に気持ちを寄せることから「同意する」意味になりますが、同等の者に対して、熟慮した結果、特に反対する理由もないので同意するという含みがあります。consent と異なり、assent は、ある意見や提案に対して肯定的な答えに限定されるので主に肯定文で使われます。

　語根の sent はラテン語で「感じる」「思う」の sentire に由来し、「感覚」「センス」「分別」の意味の sense や sensor（感知装置・センサー）も同語源です。sense の形容詞である sensible（分別のある）、sensitive（敏感な）、sensual（官能的な）なども一緒に覚えておくとよいでしょう。さらに、scent（香り）は「感じる」が原義で、猟犬などの「嗅覚」の意味もあります。第一義は「におい、香り」で、consensus（総意、一致）、resent（憤慨する）、sentence（文、判決を下す）、sensation（感じ、感覚、大騒ぎ）なども同じ語源です。

　▶ **agree** の語源は「a（〜の方へ）＋ gree（喜び）」で、相手を喜ばすことから「同意する」「賛成する」の意味になります。consent や assent に比べて積極性が強く感じられ、より幅広い意味で使うことができる単語です。また、気候や食べ物などが人に「合う」という意味で使うこともできます。人や意見

などに同意する時は **agree with 〜**、計画や提案などの場合は方向性を示唆する to を使って、**agree to 〜** で表します。

　語根の gree はラテン語で「喜ばす」という意味の gratus に由来します。「上品さ」の grace と、その形容詞の graceful（上品な）や gracious（優雅な）も同語源です。grateful は「grat（喜び）+ ful（一杯の）」から「感謝する」、gratitude は「grat（喜び）+ itude（名詞語尾）」から「感謝」、gratify は「grat（喜び）+ ify（作る）」から「喜ばせる」、congratulate は「con（共に）+ grat（喜び）+ ate（動詞語尾）」から「祝う」となります。お祝いの言葉で使う「おめでとう！」は、Congratulations! で -s がつくので要注意です。

　▶ **approve** の語源は「a(p)（〜を）+ prove（証明する）」です。良いものかどうかを証明するのが原義で、「〜を良いと認める」「賛成する」の意味で使われます。語根の prove については「非難する、しかる」（p.182）の reprove の項に解説します。自動詞の場合は前置詞の of を伴うことが多いです。

◆ consent 【動】同意する、承諾する 【名】同意、承諾
例）I reluctantly consented to his marriage.
（私はしぶしぶ彼の結婚に同意した）

◆ assent 【動】同意する、承諾する 【名】同意、承諾
例）I interpreted his silence as assent.
（私は彼の沈黙を同意と解釈した）

◆ agree 【動】賛成する、同意する、合う
例）I completely agree with your opinion.
（あたなの意見に全面的に賛成です）

◆ approve 【動】良いと認める
例）My parents approved of my decision.
（両親は私の決定を承諾した）

Q1

He reluctantly (assented / consented) to my request.

彼はしぶしぶ私の依頼に同意した。

Q2

The boss didn't (approve / agree) of his plan.

上司は彼の計画を認めなかった。

Q3

I completely (agree / consent) with you.

完全にあなたに賛成します。

Q4

He didn't (agree / assent) to accept the offer.

彼はその申し出の受け入れに同意しなかった。

Q5

The climate here doesn't (agree / consent) with me.

ここの気候は私に合わない。

答え

1 consented
しぶしぶの同意は consent。
2 approve
直後に of があるので、approve を選ぶ。
3 agree
直後に with があるので、agree を選ぶ。
4 agree
agree to do ~ で「~することに同意する」。
5 agree
食べ物や気候が合わないは agree with ~ で表す。

思い出す

- ◉ remember ◉ recall
- ◉ recollect ◉ remind

remember

記憶に留める

recall

記憶を呼び出す

recollect

記憶をかき集めて
思い出す

remind

記憶を思い出させる

▶ remember は「re（再び）＋ member（心に留める）」が語源です。「思い出す」という意味では最も一般的に使われ、無意識にふと「思い出す」ほか、記憶を呼び起こすために意識的に「思い出す」場合にも使えます。**I can still vividly remember that day.**（その日のことを今でも鮮明に覚えている）のように、過去の出来事や状況を生き生きと鮮明に思い出すことを暗示させます。**Remember to buy some cheese on your way back.**（戻る時に忘れずにチーズを買って来てね）のように、remember は to 不定詞を伴って、「〜することを覚えておく」ことや、**Remember me to your father.**（お父さんによろしく伝えてね）のような用法もあります。

語根の member はラテン語で「心（に留める）」の memorari に由来し、memory（記憶、思い出）、memorize（記憶する）、memoir（回顧録）、memorial（記念物・記念の）、memorandum（覚書）、memento（かたみ）なども同語源です。

▶ recall は「re（再び）＋ call（呼ぶ）」が語源で、remember よりも改まった場面で、意識的に過去の記憶を思い出す場合にのみ使われます。**Upon seeing the picture, I recalled that I had been there before.**（以前そこに行ったことがあることを、その絵で思い出した）のように使うのが一般的です。

▶ recollect は「re（再び）＋ co(l)（共に）＋ lect（集める）」が語源です。かすかな記憶をつなぎ合わせて思い出すことに焦点が当てられます。remember よりも改まった場面で、意識的に思い出すという意味では、recall とほぼ同じ意味ですが、半ば忘れていたことを「かなり努力して思い出す」ことが強調される点で異なります。思い出そうとする意識の度合いは、remember-recall-recollect の順に強くなる。語根の lect については「選ぶ」（p.104）と「集める」（p.132）の項で詳しく解

説します。

　　⏵ remind は「re（再び）＋ mind（気にする）」が語源です。「思い出させる」という意味の recall とほぼ同じ意味ですが、過去のことだけでなく、これから先にしなければならないことを「思い出させる・気づかせる」という意味がある点で異なります。

　　語根の mind は印欧祖語で、「思う」という意味の men に由来します。mental は「精神的な」、mention は相手に思わせることから「言及（する）」、comment は共に考えることから「意見（を述べる）」、dementia は「de（〜でない）＋ ment（思う）＋ ia（症状）」から「認知症」の意味になります。また、amnesty は「a（〜がない）＋ mne（思う）＋ ty（名詞語尾）」から成り、「覚えていない」⇒「忘れる」から「恩赦」の意味になります。同様に、amnesia なら「健忘症」、reminiscence は「re（再び）＋ min（思う）＋ isce（動詞語尾）＋ ence（名詞語尾）」から「（楽しい）思い出」などの意味になります。

◆ remember　【動】〜を思い出す、〜を覚えている
例）He was struggling to remember her name.
（彼は彼女の名前を必死に思い出そうとしていた）

◆ recall　【動】〜を思い出す、〜を思い出させる
例）His writing recalls that of Hemingway.
（彼の文はヘミングウェイを思い出させる）

◆ recollect　【動】〜を思い出す
例）He can recollect the details of the letter.
（彼はその手紙の詳細を思い出すことができる）

◆ remind　【動】〜を思い出させる
例）The picture reminds me of my school days.
（その写真は学生時代を思い出させる）

Q1
I suddenly (remembered / recollected) his name.

突然私は彼の名前を思い出した。

Q2
Please (remember / remind) me to buy some milk.

牛乳を買うの忘れていたら注意してね。

Q3
Please (remember / remind) me to your wife.

奥さんによろしくお伝えください。

Q4
I (remember / recall) seeing this movie once.

この映画を一度見たことを覚えている。

Q5
This music always (remembers / reminds) me of my school days.

この曲を聴くと学生時代を思い出す。

答え

1 remembered
recollect は時間をかけて思い出すので、
suddenly（突然）とは結び付かない。

2 remind
remind 人 to do ~ の形で「人に~することを思い出させる」
の意味。

3 remember
remember me to 人で「人によろしくと伝える」の意味。

4 remember
remember ~ing で「~したことを覚えている」、
recall ~ing は「~したことを思い出す」の意味に。

5 reminds
remind 人 of ~ で「人に~を思い出させる」の意味。

話し合う

- ● argue
- ● debate
- ● discuss
- ● dispute

argue

口論する

discuss

協議する

debate

討論する

dispute

反論する

▶ **argue** の語源はラテン語の「明らかにする (aruere)」で、自分の考えや意見が正しいことを証明するために様々な例を挙げながら熱弁をふるうことです。相手の言うことに耳を貸さず、自説が正しいことを信じてやまず、相手を説き伏せようとするあまり白熱した口論になります。深夜の討論番組などに出演している人たちの主張が、まさに argument（討論）です。

ラテン語の aruere は、印欧祖語で「白く輝く（銀）」という意味の arg にさかのぼることができます。ここからも白熱した議論がイメージできます。

▶ **discuss** は「dis（離れて）+ cuss（振る）」が語源で、言葉を揺すぶりながら粉々にするのが原義です。双方が納得の行くまで話し合って問題を解決したい気持ちから、くだけた雰囲気の中で話し合うことに焦点があります。

語根の cuss はラテン語で「振る」という意味の quatere に由来します。percussion は「per（通して）+ cuss（振る）+ ion（名詞語尾）」から「打楽器・震動」の意味になります。さらに、concussion は「con（共に）+ cuss（振る）+ ion（名詞語尾）」から「脳しんとう・衝撃」になります。

▶ **debate** は「de（下に）+ bate（たたく）」が語源です。「相手を叩きのめす」が原義で、賛成派と反対派に分かれ、一定の規則に従って討論することです。くだけた場面では、debate whether to go by taxi or bus（タクシーで行くかバスで行くかを話し合う）のように、二つの選択肢のうち、どちらかに決めるための話し合いの意味でも使うことができます。同語源の単語に、battle（戦争）、beat（たたく、打ち負かす）、combat（戦闘、戦う）、butting（頭突き）などがあります。

⏵dispute は「dis（離れて）＋ pute（考える）」が語源で、考えが異なることが原義です。論理よりも感情的に熱弁をふるうことで、argue よりも語調が強く、提案や問題などに強く反論することに重点が置かれます。

語根の pute は「考える・数える」という意味のラテン語に由来します。computer は「com（共に）＋ pute（数える）＋ er（もの）」から成っています。「評判」の reputation は「re（再び）＋ pute（考える）＋ ion（名詞語尾）」で、人々が何度も考えることが原義です。

◆ argue 【動】議論する・口論する・～を主張する
例）I have no time to argue with you.
（あなたと口論している時間はありません）

◆ discuss 【動】～を話し合う・議論する
例）Let's discuss this matter later.
（この問題については後で話し合いましょう）

◆ debate 【動】～を討論する・話し合う 【名】討論（会）
例）They debated the issue of abortion.
（彼らは妊娠中絶の問題について討論した）

◆ dispute 【動】～を議論する・～に強く反対する・～と口論する 【名】論争・口論
例）I disputed with her about which way to go.
（私はどっちの道に進むべきか彼女と口論した）

Q1
I don't (argue / dispute) that travel broadens the mind.

旅は視野を広くすることに異論はない。

Q2
I want to (argue / discuss) this matter with you later.

この件については後であなたと話し合いたい。

Q3
We (debated / discussed) on foreign affairs.

私たちは外交問題について話し合った。

Q4
They (discussed / argued) about the Japanese economy.

彼らは日本の経済について議論した。

Q5
We (argued / debated) whether to fly or go by train.

私たちは飛行機で行くか列車で行くかを話し合った。

<table>
<tr><td rowspan="5">答え</td><td>1</td><td>dispute
強く反論するのは dispute。</td></tr>
<tr><td>2</td><td>discuss
argue は相手の言うことに耳を貸さないニュアンスなので、この場合は discuss が良い。</td></tr>
<tr><td>3</td><td>debated
discuss は他動詞で目的語が必要なので不可。</td></tr>
<tr><td>4</td><td>argued
about という前置詞があるので、他動詞の用法しかない discuss は不可。</td></tr>
<tr><td>5</td><td>debated
二つの選択肢のうち、どちらかに決めるための話し合いは debate。</td></tr>
</table>

consider

星を見ながら考える
⇒熟慮する

regard

外面的に見る
⇒評価する

count

数に入れる

deem

運命とみなす

⏵ **consider** の語源は「con（共に）+ sider（星）」で、星を見ながらじっくり考えることが原義です。個人的な経験や、熟慮した結果得られた信念に基づいて「みなす」ことに焦点が当てられます。「みなす」のほかに、「よく考える・思いやる」という意味もあり、名詞形の **consideration** は「考慮・思いやり」、形容詞の **considerate** は「思いやりがある」です。

語根の sider（星）と同じ語源の desire は「de（下に）+ sire（星）」から成り、幸運の星が自分の所に降りて来るように願うことから「願望（する）」、disaster は「dis（離れて）+aster（星）」で、幸運の星に見放されて禍がやって来ることから「災害」の意味になりました。

⏵ **regard** の語源は古フランス語の「re（完全に）+ gard（見る）」で、外面的に評価することが原義です。**He regards his wife as a beauty, but others find her plain.**（彼は妻を美人だと思っているが、他の人たちはあまりさえないと思っている）のように、consider に比べると、表面的で軽い個人的な判断に基づいて「みなす」ことに焦点が当てられます。consider も regard も、They consider him to be a fool. や They regard him as a fool. のように、否定的な文脈で使うことができます。regarding 〜は前置詞的に「〜に関して」という意味があります。

⏵ **count** の語源は古フランス語で「数え上げる」という意味の conter です。**She was counted as one of the world's top five tennis players.**（彼女は世界のトップ5のテニスプレーヤーのひとりとしてみなされていた）のように、基本的には、多くの中のひとつ・ひとりとして「みなす」ことに焦点が当てられます。

count と同じ語根を含む単語には、「a(c)（〜の方へ）＋ count（数え上げる）」⇒ account（勘定書・口座）、「re（再び）＋ count（数え上げる）」⇒ recount（詳しく話す）、「un（でない）＋ count（数え上げる）＋ able（できる）」⇒ uncountable（数えきれない）などがあります。

▶ deem の語源は「運命（づける）」の doom と同じで、「据える・置く」が原義です。法廷など儀礼的な場面で使われることが多い形式ばった語で、個人的な感情はなく、常に「権威」を暗示させます。

◆ consider 【動】〜を熟慮する、〜だとみなす
例）He is considered to be a genius.
（彼は天才だと思われている）
◆ regard 【動】〜を評価する、〜だとみなす
例）He was regarded as a hero.
（彼は英雄だとみなされていた）
◆ count 【動】〜を数える、〜だとみなす
例）I count myself lucky to have such a good wife.
（そんなに立派な妻を持って幸運だと思う）
◆ deem 【動】〜だと考える、〜だと思う
例）He deemed it an honor to be invited to the party.
（彼はパーティーに招待されて光栄だと思った）

Q1

He is (considered / regarded) a hero in this country.

彼はこの国では英雄だと思われている。

Q2

She's (considering / regarding) moving to a new apartment.

彼女は新しいアパートに引っ越そうと考えている。

Q3

(Considering / Regarding) his age, he looks very young.

年の割には彼はとても若く見える。

Q4

I don't (regard / count) him a friend anymore.

彼のことはもう友達だと思っていない。

Q5

(Considering / Regarding) your order, we will ship it tomorrow.

ご注文に関して、明日発送します。

答え

1　considered
　　be considered (to be) ~ で「~だと思われている」で、
　　be regarded (to be) ~ の形はない。
2　considering
　　consider ~ing で「~することを考える」という意味。
3　Considering
　　considering は前置詞的に「~の割には」や
　　「~を考えると」という意味になる。
4　count
　　count A (as) B で「A を B と考える（みなす）」の意味に。
　　regard は regard A as B の形のみ。
5　Regarding
　　regarding は前置詞的に「~に関して」という意味。

勧める

- **recommend**
- **advise**
- **suggest**
- **counsel**

recommend

お任せする
⇒推薦する

advise

見て注意を促す
⇒忠告する

suggest

下から持ち出す
⇒提案する

counsel

専門家が勧める
⇒助言する

⊙ **recommend** は「re（完全に）＋com（完全に）＋mend（任せる）」が語源で、相手にすべてを<u>任せる</u>ことが原義です。選択肢や可能性のある中から、<u>これぞというべき一つを積極的に勧める</u>ことを含意します。**What would you recommend for dessert?**（デザートに何がお勧めですか？）のように、相手が救いを求めてくるような状況が一般的ですが、相手に助言を与える際に用いると押しつけがましく響くこともあるので要注意です。

⊙ **advise** は「ad（〜を）＋vise（見る）」が語源で、人を見て注意を促すことが原義です。recommend よりも語調は弱く、問題解決のための選択肢から一つを選ぶ必要はなく、<u>相手の置かれた状況を幅広い目でじっくり見ながら助言をする</u>ことです。高圧的な印象を与えるのを避けたり、相手をおもんぱかる気持ちを含意します。ただし、「**advise 人 to do 〜**」の形は主に医者が患者に助言をする時に使われることが多く、それ以外では押しつけがましいニュアンスがあるので使わない方が無難です。名詞形は **advice** で、アクセントは後半にあるので注意してください。

語根の vise は「見る」という意味の weid に由来し、vision（視力、展望）、visual（視覚の）、visa（査証、ビザ）、visible（目に見える）、view（見解、眺め）、visit（訪問する）なども同語源です。さらに、物事がよく見えることから「賢い」に相当するのが wise で、名詞形の wisdom は「知力」です。「機知」が wit で、witness は「目撃者・目撃する」です。

⊙ **suggest** は「sub（下から）＋gest（運ぶ）」が語源で、下から持ち出すことが原義です。断られるのではないかという気持ちから、<u>ためらいがちに提案したり、勧めたりすること</u>

を暗示させる語です。ここから「示唆する」や「それとなく言う」などの意味に発展しました。名詞形は**suggestion**(提案)です。語根の gest はラテン語で「運ぶ」という意味の gerere に由来し、digest は「di(別の所へ)＋ gest(運ぶ)」から「消化する・要約」となります。congestion「con(共に)＋ gest(運ぶ)＋ ion(名詞語尾)」から「混雑・渋滞」です。gesture も「体の運び方」が元の意味です。

▶ **counsel** はラテン語で「計画・意見」を表す consilium に由来し、心理学者・医者・弁護士など<u>専門的な職業に従事する人</u>が助言したり、勧めたりすることです。専門家との「相談」が **counseling** で、「相談員」や「助言者」が **counselor** です。

◆ recommend 【動】〜を推薦する、〜を勧める
例)My boss recommended a week's holiday.
(上司は1週間の休暇を勧めてくれた)
◆ advise 【動】〜を忠告する、〜を勧める
例)The doctor advised me not to drink too much.
(医者は私に飲みすぎないように勧めた)
◆ suggest 【動】〜を提案する、〜を勧める、〜をそれとなくほのめかす
例)I suggested we fly business class.
(ビジネスクラスに乗ろうと私は提案した)
◆ counsel 【動】〜を助言する、〜を勧める
例)The doctor counseled me to give up drinking.
(医者は私に禁酒するように助言した)

Q1

The doctor (advised / suggested) me to get some rest.

医者は私にちょっと休んだ方がいいと言われた。

Q2

Can you (advise / recommend) a good restaurant around here?

この辺にお勧めのレストランはありますか。

Q3

The lawyer (suggested / counseled) me not to accept the offer.

弁護士はその申し出は受け入れない方がいいと助言した。

Q4

Are you (advising / suggesting) that I am not right?

あなたは私が正しくないと言っているのですか。

Q5

Which wine would you (suggest / recommend)?

どのワインがお勧めですか。

答え

1 advised
   advise 人 to do~ で「人に~することを勧める」で、
   suggest 人 to do~ の形はない。
2 recommend
   お店を推薦するのは recommend。
3 counseled
   弁護士が助言するのは advise や counsel を使うのが普通。
4 suggesting
   「それとなく言う」「遠回しに言う」という
   意味があるのは suggest。
5 recommend
   ワインを推薦するのは recommend。

主張する

- ◉ insist ◉ assert ◉ allege
- ◉ claim ◉ maintain

insist

立ち上がって言い張る
⇒強く主張する

assert

自説に結び付ける
⇒自信をもって主張する

allege　claim　maintain

証拠がないのに
悪いことをしたと
主張する

証拠がないのに
自分が正しいと
主張する

繰り返し
主張する

▶ insist は「in（上に） + sist（立つ）」が語源で、立ち上がって強引にしつこく言い張ることを暗示させます。名詞形の **insistence** は「無理強い」や「しつこさ」を、形容詞の insistent は、要求などが「しつこい」ことを意味します。自動詞で使う時は前置詞の on を伴います。また、**I insist (that) he attend the ceremony.**（彼には式に是非参加してもらいたい）のように、節を続ける時は、助動詞の should を用いるか、attend と原形で表すかのどちらかになります。

　語根の sist は「立つ」という意味のラテン語 sistere に由来し、exist は「ex（外に） + ist（立つ）」から「存在する」となります。resist は「re（後ろに） + sist（立つ）」から「抵抗する」、assist は「a(s)（〜の方へ） +sist（立つ）」から「援助する」です。

　▶ assert は「a(s)（〜を） + sert（つなぐ、並べる）」が語源で、自分の意見や権利を力強く自信と確信を持って断言・主張することです。名詞形の **assertion** は「自己主張」、形容詞形の **assertive** は「自信に満ちた」です。

　語根の sert（つなぐ、並べる）については「見捨てる」の項（p.186）で解説します。

　▶ allege は「a(l) = ex（外に） + leg（法律）」が語源で、「法律の外で主張する」ことが原義です。証拠がなく真偽のほどは不明だが、誰かがよからぬことしたことを主張・断言することです。

　語根の leg（法律）を含んだ legal は「合法の」の意味。illegal は「i(l)（でない） + legal（法律の、合法の）」から「非合法の」となります。privilege は「private（私的な） + leg（法律）」から「特権」です。

　▶ claim はラテン語で「大声で叫ぶ」という clamare に由来します。確かな証拠もないのに自分の主張が正しいと言って譲らないことで、話し手の疑いの気持ちを含意しています。

苦情を言う人を日本語で「クレーマー」と呼びますが、英語の claim にこの意味はありません。

▶ maintain は「main（手で）＋ tain（保つ）」が原義です。「維持する、管理する」が主な意味ですが、「主張する」の意味では、事実に反する証拠があるにもかかわらず確信を持って繰り返し主張すること含意します。

語根の main はラテン語で「手」を表す manu に由来し、manner（方法）、manage（管理する、経営する）、manual（手引書、手作業の）、manipulate（操る）なども同語源です。

◆ insist 【動】～を主張する、～と言い張る、～を要求する
例）He insists that I go to see a doctor.
（彼は私に医者の診察を受けるべきだと言い張っている）

◆ assert 【動】～を主張（断言）する
例）You should assert yourself more in the meeting.
（あなたは会議でもっと自信を持って主張すべきです）

◆ allege 【動】～を主張（断言）する
例）She alleged that her husband had struck her on the head.
（彼女は夫が自分の頭を殴打したと主張した）

◆ claim 【動】～を主張する、～と言い張る、～を要求する
例）He claims that he saw a UFO last night, but I don't believe him.
（彼は昨夜 UFO を見たと言い張っているが私は信じない）

◆ maintain 【動】～を主張する、～を維持する
例）He maintains that he didn't cheat on the exam.
（彼はカンニングしていないと主張している）

Q1

He (claims / asserts) his innocence, but I doubt it.

彼は事実を主張しているが私は怪しいと思っている。

Q2

I (assert / insist) that she go to see the doctor immediately.

彼女には是非ともすぐに医者に診てもらってほしい。

Q3

He (insists / claims) on his innocence.

彼は自分の無実を主張している。

Q4

The police (allege / maintain) that he was murdered but they have given no proof.

警察は彼が殺害されたと主張しているが証拠は示していない。

Q5

He has (alleged / maintained) his innocence despite the accusations.

彼は告発状が出ているのに無実を主張している。

1 claims
   話し手の疑いの気持ちが含まれるので、claim を選ぶ。
2 insist
   that 節の中が go（原形）になっているので、insist を選ぶ。
3 insists
   前置詞の on があるので、insist を選ぶ。
4 allege
   確かな証拠がないのに主張するのは allege。
5 maintained
   証拠があるにもかかわらず
   自分が正しいと主張するのは maintain。

選ぶ

- choose
- pick
- select
- elect
- prefer

choose

2つ以上のものの中から
好きなものを選ぶ

pick

気分と勘で選ぶ

select

最良・最適なものを
選ぶ

elect

投票で選ぶ

prefer

2つの中から
好きな方を
選ぶ

⊙ **choose** の語源は「味見してみる」です。二つ以上のものの中からじっくり考えて、好きなものを一つ、またはそれ以上を選ぶことで、最終的な決定であることを暗示します。名詞形は **choice** で「選択（権）、選択肢」の意味です。対象はデザートにケーキを選んだり（choose a cake）、将来の職業を選ぶ（choose careers）ことまで様々です。

⊙ **pick** は、鳥がくちばしでエサを「つつく」ことを意味する peck と同語源です。かぎを使わずに先のとがった器具で突っつきながら錠前を開ける犯罪が「ピッキング（picking）」です。「選ぶ」という意味では、くじ引きやトランプのカードを引くように、その時の気分と勘で選ぶことです。

⊙ **select** は「se（離れて）＋ lect（集める）」が語源です。三つ以上のものの中から比較や対照を重ねながら慎重に、最良かつ最適なものを選ぶことで、客観的な判断を含意します。名詞形は **selection** で「選択、選抜」です。

⊙ **elect** は「e（外に）＋ lect（集める）」が語源です。ある集団が特定の仕事をする人を選ぶ、つまり、「（投票で）選ぶ」ことです。名詞形の **election** は「選挙、当選」です。語根（単語の根幹を成す、最も重要な部分）の lect はラテン語の legere（集める）に由来します。

言葉や文字を集めることから「話す」や「読む」という意味を持つ単語にも関係があり、lecture は話すことから「講義、講演」、legend は読まれるべきものから「伝説」、dialect は「dia（横切って）＋ lect（話す）」から、特定の地域で話される「方言」などの意味になります。

◉ **prefer** は「pre（前に）＋fer（運ぶ）」が語源です。二つのモノや事柄を比べて、好きな方を選ぶことです。**I prefer coffee to tea.**（紅茶よりコーヒーが好き）のように、比べる対象になるものの前に前置詞の to を使います。

名詞形は、**preference** で「優遇、優先」です。語根の fer はラテン語の ferre（運ぶ）に由来し、offer は「o(f)（向かって）＋fer（運ぶ）」から「申し出る」となります。transfer は「trans（越えて）＋fer（運ぶ）」から「移る、移す」、refer は「re（後ろに）＋fer（運ぶ）」から「参照する」などの意味になります。

◆ choose 【動】～を選ぶ、～を決める
例）You can choose two out of the three.
（三つの中から二つ選べます）

◆ pick 【動】～を選ぶ、～をつつく、～を摘み取る
例）Pick a number from one to ten.
（1から10までの番号を一つ選びなさい）

◆ select 【動】～を（慎重に）選ぶ、～を選抜する
【形】えり抜きの
例）She was selected to play for the national team.
（彼女は国代表に選抜された）

◆ elect 【動】（投票で）～を選ぶ
例）He was elected mayor of the city.
（彼は市長に選ばれた）

◆ prefer 【動】～が好きだ、～の方を選ぶ
例）Which do you prefer, beer or wine?
（ビールとワインではどちらがいいですか）

Q1
I (choose / prefer) red wine to white wine.

私は白ワインより赤ワインの方がいいです。

Q2
Will you (select / pick) a nice tie for me?

いいネクタイを選んでくれる?

Q3
She was (selected / chosen) from among many applicants.

彼女は多くの応募者の中から厳選された。

Q4
The people (preferred / elected) him to be the President.

国民は彼を大統領に選んだ。

Q5
You have to (pick / choose) between the two.

あなたは2つの中から選ばなければならない。

答え

1　prefer
　　2つのものを比べて好きな方を選ぶのは prefer。
2　pick
　　自分の好みや気分で選ぶのは pick。
3　selected
　　たくさんのものの中から厳選するのは select。
4　elected
　　選挙で選ぶのは elect。
5　choose
　　2つのものの中から選ぶのは choose。

感情を
あらわす
単語選び

尊敬する

- ● respect ● admire
- ● worship ● adore

respect

振り返って見る
⇒尊敬する

admire

感心して敬う

worship

崇拝する

adore

熱愛する

▶ **respect** の語源は「re（後ろ、再び）＋ spect（見る）」で、対象になる人を振り返って見ることが原義です。行動・意見・業績などが<u>自分よりも優れている人に対して敬意の念を持つこと</u>です。対象が人の願望や権利なら「尊重する」の意味になります。必ずしも目上の人とは限らず、同等の立場にある人に対しても使うことができます。語根の spect はラテン語の specere（見る）に由来し、prospect なら「pro（前を）＋ spect（見る）」ことから「見通し・将来性」、aspect なら「a（～の方へ）＋ spect（見る）」ことから「外観・局面」となります。「昭和レトロ」とは昭和時代のノスタルジックな雰囲気や憧れを指して使う言葉ですが、「レトロ」とは retrospective のことで「retro（後ろを）＋ spect（見る）＋ ive（形容詞語尾）」が語源で、「回顧的な」の意味です。

▶ **admire** の語源は「ad（～の方へ）＋ mire（驚く）」で、対象になる人やモノを見て不思議に思うことが原義です。<u>respect よりも意味が強く、感心して敬う気持ちを表します。</u>名詞形は **admiration**（賞賛・感嘆）で、形容詞は **admirable**（見事な）です。語根の mire は「驚く」の意味ですが、「鏡」の mirror も同じ語源です。かつて古代人が鏡に映った自分の姿を初めて見て不思議に思ったことに由来し、ラテン語で「見る」の意味の mirare にさかのぼります。このように、admire には「見る」という意味を暗示させるので、「感心して眺める」とか「見とれる」という意味もあります。

不思議なことが起こることから「奇跡」は miracle、本来は何もない所に見える不思議な現象の「蜃気楼（しんきろう）」が mirage です。「驚くべきこと」や「驚嘆する」の marvel も同じ語源で、形容詞は marvelous は「驚くべき・すばらしい」です。ちなみに、「ほほえみ」の smile も同語源で、不思議

なものを見た時に浮かべる「笑み」が本来の意味です。

▶ worship の語源は「worth（価値のある）＋ ship（状態）」で、神を「崇拝する」ですが、それ以外の人やモノを盲目的に「賛美する」ことにも使います。

▶ adore は「ad（～の方へ）＋ ore（声を出す）」が語源で、「崇拝する」という意味では主に書き言葉として使われますが、人が対象の場合は「熱愛する」、モノが対象の時は、「大好きだ」の意味になります。ore の語源はラテン語の orare「声に出す」に由来し、oral は「or（声）＋ al（形容詞語尾）」から、oral examination は「口述試験」、oracle は「ora（声）＋ cle（小さいもの）」から「神のお告げ」や「神託所」の意味で、written oracle は「おみくじ」に相当します。人や動物が愛らしくてとてもかわいいことを形容するのが adorable です。

◆ respect【動】～を尊敬する・～を尊重する／【名】尊重・尊敬・点
例）Many students respect Mr. Abe.
（多くの生徒が阿部先生を尊敬している）

◆ admire【動】～に感心する・～に感嘆する
例）I admire him for his bravery.
（私は彼の勇気に感心している）

◆ worship【動】～を崇拝する
例）They only worship one god.
（彼らは1つの神しか崇拝していない）

◆ adore【動】～を崇拝する・～が大好きだ
例）She adores chocolate.
（彼女はチョコレートが大好きです）

Q1

We should (admire / respect / worship) the feelings others.

私たちは他人の気持ちを尊重するべきだ。

Q2

I (worship / adore / admire) him for his bravery.

私は彼の勇気に感心している。

Q3

They (worship / respect / admire) several gods.

彼らはいくつかの神を崇拝している。

Q4

I (worship / admire / adore) that singer.

あの歌手が大好きです。

Q5

I really (admire / respect / worship) your dress.

あなたのドレス本当に素敵ですね。

答え

1　respect
　人の気持ちや権利などを尊重するのは respect。

2　admire
　感心して敬う気持ちを表すのは admire。

3　worship
　神を崇拝するのは worship。

4　adore
　「熱愛する」「大好きな」は adore。worship that singer だと「その歌手を神のよう崇め賛美する」という意味なので不自然。

5　admire
　素晴らしいものに見とれてうっとりするのは admire。

驚かす

- ⊙ surprise
- ⊙ amaze
- ⊙ astound
- ⊙ startle
- ⊙ astonish

surprise

不意を突いて
びっくりさせる

startle

何度も飛び跳ねるほど
びっくりさせる

amaze

不思議な感覚や
当惑を与えて
びっくりさせる

astonish

外に雷が
落ちたように
びっくりさせる

astound

雷に打たれたように
びっくり仰天させる

▶ surprise の語源は「sur（上を）+ prise（つかむ）」です。突然、上から体をつかまれた時の驚き、つまり、<u>不意を突かれた時の驚き</u>を表します。名詞も同形で、**What a surprise!**（あ〜びっくりした！）や、**We had a surprise test.**（抜き打ちテストがあった）のように使うことができます。**What a nice surprise!** は通例、心地よい喜びを表しますが、**I'm surprised at you!**（あなたっていう人は！）は失望を表す際に使います。

語根の prise は、ラテン語で「つかむ」という意味の prendere に由来し、enterprise は「enter（間に）+ prise（つかむ）」から「手の間につかむ」⇒「企てる」に発展し「事業・企業」の意味になりました。捕まえた「獲物」は prey、獲得した「賞品」や「賞金」は prize、捕まえた犯人を収容する「刑務所」は prison です。米国の SF アクション映画の「Predator（プレデター）」は「捕食動物」の意味です。米軍の輸送機「オスプレイ」は、ヘリコプターのような垂直離着陸やホバリングが可能で、超低空飛行のできる航空機のこと。低空飛行中に水中の魚を探し、急降下して鋭い爪で魚を捕らえる鷹の一種である「osprey（ミサゴ）」に由来します。osprey は「獲物をつかむ鳥」が語源です。

▶ startle の語源は「start（跳ぶ）+ le（繰り返す）」で、<u>何度も飛び跳ねるほどの驚き</u>を意味し、<u>surprise よりもやや強い驚き</u>があります。「出発する」という意味の start の語源は「跳ぶ」です。つまり startle は「（驚いて）急に動く・動き始める（start）」を意味する start と「反復動作を表す接尾辞」である -le から出来上がった単語です。

▶ amaze の語源は「a（〜の方へ）+ maze（迷路）」です。脱出不可能な迷路に入り込んでしまった時のように、<u>ありそうもないことに直面した時の不思議な感覚や当惑</u>を暗示し、

surprise や startle よりも強い驚きを表します。形容詞の amazing（素晴らしい）は会話頻出語で、He is an amazing guy.（彼はすごいやつだ）のような形で使われます。

▶ **astonish** の語源は「as(= ex)（外へ） + ton（雷） + ish（する）」です。外に雷が落ちた時に感じる驚きを暗示し、amaze と同程度の強い驚きを表します。英英辞典の定義は、surprise someone very much です。

▶ **astound** は astonish と同じように、「as(ex)（外へ） + toun（雷）」が語源で、信じられないほどの最も強い驚きを表します。語根の ton や toun はラテン語で「雷」を表す tonere に由来し、英語の thunder（雷）、sound（音）、intonation（声の抑揚）などに変化しました。英英辞典の定義は、make someone very surprised or shocked です。

◆ surprise 【動】～をびっくりさせる、～を驚かす
【名】驚き、不意打ち
例）You always surprise me.
（君にはいつも驚かされるよ）

◆ startle 【動】～をびっくりさせる、～をドキッとさせる
例）She was startled by his question.
（彼女は彼の質問にドキッとした）

◆ amaze 【動】～をびっくりさせる、～をひどく驚かす
例）I was amazed by his speech.
（私は彼の演説にひどく驚いた）

◆ astonish 【動】～をびっくりさせる、～をひどく驚かす
例）We were astonished at his reply.
（私たちは彼の答えにひどく驚いた）

◆ astound 【動】～をびっくり仰天させる
例）Everyone was astounded by the judge's decision.
（みんなが裁判官の判決に仰天した）

Quiz 25

Q1
I was (surprised / amazed) at the news.

私はその知らせにびっくり仰天した。

Q2
We had a (surprise / amazing) guest today.

今日は思いがけない来客があった。

Q3
What (a surprising / an amazing) coincidence!

何という驚くべき偶然！

Q4
I was (surprised / amazed) to find that he was still alive.

彼がまだ生きていることを知って私は不思議なくらいびっくりした。

Q5
We were very (surprised / astonished) at the news.

私たちはその知らせにとてもびっくりした。

答え

1 amazed
単にびっくりしたのであれば surprised だが、
仰天したので amazed を選ぶ。

2 surprise
不意を突かれた時の驚きは surprise。

3 an amazing
coincidence（偶然の一致）には元々、驚きの意味を含まれているの、
単なる「驚き」の surprising ではなく強調の amazing を使う。

4 amazed
不思議なくらいびっくりするのは amaze。

5 surprised
astonish は強意語で、very をつけることないので、surprise を選ぶ。

Chapter 3 ｜ 感情をあらわす単語選び ｜ 117

軽蔑する

- despise
- disrespect
- disdain
- scorn

despise

下に見る⇒見下す

disrespect

尊敬しない
⇒無礼をはたらく

disdain

あざけり軽蔑する

scorn

角をもぎとって
バカにする

▶ **despise** の語源は「de（下に）＋ spise（見る）」から、文字通り対象になる人やモノを見下す感じです。特に不道徳な行為や、そうした行為をする人に対して使われますが、単に「ひどく嫌う」意味で用いることもできます。嫌う対象が自分に向けば、despise oneself で「自己嫌悪に陥る」となります。

　語根の spise は spect と同様にラテン語の「見る」の意味です。「香辛料」の「spice（スパイス）」はラテン語で「見る・種」という意味の species（種）に由来し、「見張る」イメージを持つ「探偵」の「spy（スパイ）」も同じ語源です。見た目が特に目立つのが special（特別な）で、specialize は「special（特別な）＋ ize（動詞語尾）」⇒「専門にする」、especially は「e（外に）＋ special（特別な）＋ ly（副詞語尾）」⇒「特に」、conspicuous は「con（完全に）＋ spic（見る）＋ uous（形容詞語尾）」から成り、はっきりと見えることから「目立つ」などの意味になります。

▶ **disrespect** の語源は「respect（尊敬する）」に否定の接頭辞の dis- がついた形で「尊敬しない」が原義です。動詞では「軽視する・無礼をする」という意味で使われ、名詞では礼を欠いた態度を取ること、つまり、「無礼」の意味です。米口語では、disrespect の respect が外れて、dis（または diss）という形で「バカにする・軽蔑する」の意味で使われます。日本でも同じ意味で「ディスる」のように、特に若い人たちの間で用いられています。

▶ **disdain** の語源は「dis（〜でない）＋ dain（価値ある）」から、相手に対して価値を認めないことが原義です。対象になる人やモノを人前で嘲（あざけ）りながら、恥ずかしめる行為を暗示します。名詞では「高慢な態度」という意味があ

ります。優越感や尊大さ、嫌悪の念から軽べつするという響きがあります。I was greeted with polite disdain.（私はいんぎん無礼な迎えを受けた）のような用法も可能です。

▶ scorn の語源は「s (= ex 外に) + corn (= horn 角)」から、「力の象徴である horn（角＝つの）をもぎ取る」ことが原義です。disdain よりも意味が強く、「嘲り」や「物笑いの種」が強調されるので、「軽蔑する」だけでなく「拒絶する」ことを暗示させます。

語根の corn は印欧祖語で「頭」や「角」を意味する ker に由来し、「角」の corner（コーナー）や、角の形をした carrot（にんじん）、宝石の重さの単位の karat（カラット）、hornet（スズメバチ）も同じ語源です。

◆ despise 【動】～を軽蔑する、～をひどく嫌う
例）I despise those who tell lies.
（うそをつく人を軽蔑します）

◆ disrespect 【動】～を軽視する／【名】無礼
例）Don't disrespect me like that.
（そんなふうに私を軽視しないで）

◆ disdain 【動】～を軽蔑する、～するのを恥とする／【名】軽蔑感、高慢な態度
例）He disdained those with less education.
（彼は教育をあまり受けていない人を軽蔑している）

◆ scorn 【動】～を軽蔑する、～をばかにする、～するのを恥とする／【名】嘲り、物笑いの種
例）He scorned my plan as worthless.
（彼は私の計画を価値のないものとばかにした）

Q1
Some students (despise / disrespect) teachers.

先生に無礼なふるまいをする生徒がいる。

Q2
His classmates (despised / scorned) him for his stupid behavior.

クラスメートは彼の愚かな行動をバカにした。

Q3
I (despise / disrespect) those who cheat on their wives.

妻を裏切るような人は軽蔑します。

Q4
He (disrespected / disdained) to live in such a small house.

彼はそんな小さな家に住むのを恥ずかしく思った。

Q5
She (despises / disdains) luxuries.

彼女は贅沢品をひどく嫌っている。

答え

1　disrespect
　　disrespect は礼を欠いた態度を取ること。
2　scorned
　　scorn は物笑いの種として小ばかにするニュアンス。
3　despise
　　不道徳な行為をする人を見下すのは despise。
4　disdained
　　disdain to ~「~するのを恥ずかしく思う」は
　　優越感や嫌悪の念から見下すニュアンス。
5　despises
　　「~をひどく嫌う」のは despise。

耐える、我慢する

- ⊙ stand
- ⊙ endure
- ⊙ bear
- ⊙ tolerate

stand

じっと耐える（我慢して立つ）

bear

重荷に耐える

endure

かたい意志で
長期にわたって耐える

tolerate

仕方なく容認する

◉ stand は「立つ」「立っている」というのが基本ですが、「我慢する」という意味で使う時は、**I can't stand this heat.**（この暑さには我慢できない）のように、通例否定文や疑問文で使われます。暑さの中でじっと耐えながら立っていることをイメージさせてください。sta は印欧祖語の「立つ」が語源で、stay（滞在する）、station（駅、局）、status（地位）、statue（像）、standard（基準）、state（国家）、stage（段階、舞台）なども同語源です。understand は「under = inter（間に）+ stand（立つ）」から、近くに立って「理解する」という意味になります。instant は「in（中に）+ stant（立つ）」で、すぐ近くに立っていることから「即座の・瞬間」、distant は「dis（離れて）+ stant（立つ）」から「遠い」、名詞形は distance（距離）で、social distancing は「社会的な距離をとること」ですが、この場合の distance は「距離を置く」という意味の動詞です。

　◉ bear は「耐える」という意味では主に書き言葉で使われますが、印欧祖語で「運ぶ」とか「子どもを産む」という意味に由来します。つまり、「妊産婦が胎児をおなかに抱えながら運ぶ」ことが原義で、痛み・悲しみ・責任などが身体的にも精神的にものしかかってくることを暗示させます。「子どもを産む・実をつける」などの意味のほかに、「運ぶ・支える」などの意味がありますが、これらの連想から「耐える」という意味を持つようになったようです。否定文で使われます。
　bear と同語源の単語に、birth（誕生、生まれ）、bring（持って来る）、burden（荷物、負担）などがあります。

　◉ endure は「en（中に）+ dure（固める）」が語源で、文句も言わず長期間に渡って苦痛や困難などに耐えることに重点が置かれます。stand や bear と同様に、否定文で使わ

れることが多いですが、肯定文に使うこともできます。日常語としては、stand の方が一般的です。また、endure は自動詞として、「持ちこたえる・耐える」の用法もあります。名詞形の **endurance** は長期間におよぶ「忍耐力」のほか、機械などの「耐用性」の意味もあります。「〜の間（ずっと）」の意味の前置詞 during も同語源です。

　▶ tolerate は仕方がないという軽いあきらめの気持ちを表し、「容認する・大目に見る」ことです。名詞の **tolerance** は「忍耐」や「寛容」の意味で「ゼロトレランス（zero tolerance）」は反社会的な行為に対して例外や情報を認めず厳しく処分を下す手法です。

◆ stand 【動】〜に我慢する、〜に耐える
例）I can't stand it any longer.
（もう耐えられない）

◆ bear 【動】〜に我慢する、〜に耐える
例）He couldn't bear the pain.
（彼はその痛みに耐えられなかった）

◆ endure 【動】〜を我慢する、〜に耐える
例）He has endured a lot of hardships in this country.
（彼はこの国で多くの困難に耐えてきた）

◆ tolerate 【動】〜に耐える、〜を容認する
例）I have to tolerate her criticism.
（彼女の批判に耐えなければならない）

Q1

Smoking will not be (tolerated / stood) in this room.

この部屋での喫煙は容認されない。

Q2

The people have (stood / endured) years of drought.

国民は何年もの干ばつに耐えてきた。

Q3

What can't be cured must be (stood / endured).

治せないものは我慢するしかない。

Q4

We had to (endure / stand) the noise for 10 hours.

私たちはその騒音に10時間耐えなければならなかった。

Q5

I can't (stand / endure) the thought of having a cat in a cage.

ケージに入れてネコを飼うという考えには我慢できない。

答え

1　tolerated
　　「容認する・大目に見る」のは tolerate で表す。
2　endured
　　長期間に渡る困難に耐えるのは endure で表す。
3　endured
　　受動態にできるのは endure。
4　endure
　　「持ちこたえる」の意味は endure のみ。
5　stand
　　endure は長期間の我慢を暗示させるので、
　　この場合は stand が良い。

ビジネスで
使える
単語選び

Chapter

4

競う

- ◉ compete ◉ contest
- ◉ contend ◉ rival

compete

競い合う（コンペ）

contest

競い争う（コンテスト）

contend

自説を
主張しながら
一方的に
相手を倒す

rival

張り合う（ライバル）

⏵ **compete** の語源は「com（共に）+ pete（求める）」です。目標を求めて競い合うことが原義ですが、二人または二つのチームがお互いをライバル視しながら1対1で争い合うことを意味します。相手を倒して目標を達成するために行動を起こすことで、目標となる対象物には前置詞の for を、相手や敵には against ／ with を使います。ゴルフの「コンペ」は compete の名詞形 **competition** がなまったものです。

語根の pete はラテン語で「求める・努力する」の意味があります。同じ語根を含んだ単語を挙げてみます。

「re（再び）+ peat（求める）」⇒ repeat（繰り返す）、「a(p)（～の方へ）+ pet（求める）+ ite（小さいもの）」⇒ appetite（食欲）、「im（上に）+ pet（求める）」⇒ impetus（刺激・勢い）、「pet（求める）+ tion（名詞語尾）」⇒ petition（嘆願〈する〉）。

⏵ **contest** の語源は「con（共に）+ test（証言する）」で、compete のように相手をライバル視するのではなく、たとえば、政党がマニフェストに従って選挙戦を戦うように、自己の論理を展開することで目標を達成しようとすることです。名詞形の **competition** がライバル意識むき出しの「争奪戦・奪い合い」であるのに対して、**contest**（競技、競争）はルールに基づいて相手を打ち負かすイメージです。

語根の test はラテン語で「証明する」こと。protest は「pro（前で）+ test（証明する）」から「抗議（する）・主張する」の意味になり、「新教徒」のプロテスタント（Protestant）が生まれました。testament は「証明するもの」から the Testament で「聖書」の意味になります。

⏵ **contend** の語源は「con（共に）+ tend（伸ばす）」です。1対1で対局する compete と異なり、一方的に力を発揮したり、

自説を主張して相手を倒すイメージです。contend に「主張する」の意味があるのはこのためで、名詞形の **contention** は主張や意見の食い違いによる「争い」のこと。

　語根の tend は「伸ばす」という意味のラテン語に由来し、動詞の tend は「〜する傾向にある」で、名詞形の tendency が「傾向」、形容詞の tender は、薄く伸ばした状態から「優しい・柔らかい」に、動詞なら手を伸ばすことから「提出する」となります。また、attend は「a(t)（〜の方へ）＋ tend（伸ばす）」で、足を伸ばすことから「出席する・参加する」になります。

　▶ rival は「川」の river と同じ語源で、同じ小川の水を利用する人が原義です。compete 以上に争いを強調する語ですが、双方の実力が拮抗しているため競争に加えて「肩を並べる・匹敵する」の意味もあります。arrive は「a(r)（〜の方へ）＋ river（川）」から川の反対側に「到着する」ことです。

◆ compete 【動】競争する、参加する
例）They competed with each other for first place.
（彼らは一位を目指してお互い競い合った）

◆ contest 【動】〜を競う、〜を争う 【名】競技会
例）They contested a seat in the election.
（彼らは選挙で議席を争った）

◆ contend 【動】争う、競う、対決する、と主張する
例）He contended with many difficulties.
（彼は多くの困難と闘った）

◆ rival 【動】と競争する、に対抗する、に匹敵する
【名】競争相手
例）No one can rival him in tennis.
（誰もテニスでは彼に対抗できない）

Q1

They (competed / rivaled) each other for the championship.

彼らは優勝目指してお互いに競争した。

Q2

Many students (contended / rivaled) for the prize.

多くの生徒が賞を求めて競った。

Q3

I'm going to (compete / contend) in this race.

私はこのレースに参加するつもりです。

Q4

The party decided not to (compete / contest) this election.

その政党はこの選挙を戦わないことに決めた。

Q5

I can't (compete / contest) with him when it comes to running.

走ることに関しては彼にはかなわない。

答え

1 rivaled
  compete は自動詞なので、each other という
  目的語を取ることはできない。
2 contended
  rival は他動詞なので直後に目的語が必要。
3 compete
  compete in ~ で「～に参加する」。
4 contest
  政党が議席を奪うために戦うのは contest。
5 compete
  can't compete with ~ は「～と競うことができない」から
  「～にはかなわない」の意味に。

集める

- collect ● gather
- accumulate
- assemble

collect

収集する（コレクション）

gather

かき集める

accumulate

山積する
⇒少しずつ集める

assemble

1つに組み立てる
⇒集合する

▶ collect の語源は「co(l)（共に）＋ lect（集める）」です。名詞形の collection（収集）や collector（収集家）からわかるように、一定の目的を持っていろいろな所から<u>同じ種類のものを選り分けながら集める</u>ことを意味し、集める「内容」に焦点があります。

　語根の lect はラテン語で「集める、選ぶ」という意味の legere に由来します。colleague は選ばれた人から、主に医師・弁護士・大学教授などの専門職の「同僚」、college は選ばれた人たちの集まりから「大学」です。

　▶ gather は、いろいろな所に散らばったものを一カ所に集めることで、<u>かき集める「行為」</u>に焦点が当てられます。名詞形の gathering（集まり）は、ある地域の人たちが自然発生的に集まった「会合」をイメージさせる語です。

　▶ accumulate は「a(c)（〜の方へ）＋ cumul（山積み）＋ ate（動詞語尾）」が語源です。<u>量を定期的に追加しながら時間をかけて少しずつ増やして行く</u>ことに焦点が当てられる語です。名詞形は accumulation で、an accumulation of data なら「蓄積したデータ」です。気象用語で、cumulus は「積雲」で、cumulonimbus が「cumul（山積み）＋ nimbus（雲）」から「積乱雲」です。

　▶ assemble は「a(s)（〜の方へ）＋ sem（一つ）＋ ble（繰り返し）」が語源です。一つになるように作業を繰り返すことが原義です。collect よりも目的意識が強く、通常は<u>利用することを目的に集める</u>ことです。例えば、機械の部品などを「組み立てる」が assemble で、「組み立てライン」が assembly line。また、gathering が適当な「集まり」であるのに対して、

選ばれた特定の人たちの改まった「集まり」が meeting です。それよりもさらに改まった「会合」や「集会」が **assembly** です。

　語根の sem は印欧祖語で「一つ・一緒」の意味で、seem は「一つ」から、同じように「見える」、similar は「simil（一つ⇒ 同じ）＋ ar（形容詞語尾）」から「似ている」、single は「たった一つの・独身」の意味です。simple は「sim（1回）＋ ple（折る）」から「単純な」、simulate は「simul（同じ）＋ ate（動詞語尾）」から「ふりをする・模擬実験をする」、simultaneous なら「同時の」です。

◆ collect 【動】（目的を持って）〜を集める・収集する
例）My hobby is collecting old coins.
（私の趣味は古銭を集めることです）

◆ gather 【動】（適当に）〜を集める・収集する
例）He is on the beach gathering shells.
（彼は浜辺で貝を集めている）

◆ accumulate 【動】（時間をかけて）〜を集める・貯める
例）The money in his savings account is accumulating interest.（彼の普通預金口座には利子が貯まっている）

◆ assemble 【動】（目的のために）〜を集める（集まる）・組み立てる
例）All of the students assembled in the gym.
（全生徒が体育館に集まった）

Q1

They (gathered / assembled) in the meeting room for the lecture.

彼らは講義を聴くために会議室に集まった。

Q2

They (gathered / collected) coins scattered on the street.

彼らは通りに散らばったコインを集めた。

Q3

His hobby is (assembling / collecting) insects.

彼の趣味は昆虫採集だ。

Q4

Fat is (gathering / accumulating) around my hips and thighs.

腰回りと太ももに脂肪がついてきた。

Q5

Many people (gathered / assembled) around the building.

多くの人たちがそのビルの周辺に集まった。

答え

1 assembled
講義を聴くという目的を持って集まるのは assemble。
2 gathered
散らばったものを一か所に集めるのは gather。
3 collecting
趣味という目的を持って同種のものを集めるのは collect。
4 accumulating
定期的に時間をかけて
少しずつ増やして行くのは accumulate。
5 gathered
自然発生的に集まるのは gather。

遅らせる、延期する

- **postpone**
- **defer**
- **adjourn**
- **delay**

postpone

日付を決めて
延期する

adjourn

会議や集会を
中断したのちに
延期する

defer

ずるずると
先延ばしにする

delay

進行を遅らせる

⏵ postpone は「post（後ろに）+ pone（置く）」が語源で、予定していた時間を、それよりも後に変更することです。postpone the meeting for a week（会議を1週間延期する）や postpone the meeting until next Monday（会議を来週の月曜日まで延期する）のように、通常は日付を決めて延期することです。口語ではほぼ同じ意味の put off を使います。

　語根の pone はラテン語で「置く」という意味の ponere に由来し、opponent は「op（向かって）+ pon（置く）+ ent（人）」から「反対者・相手」となります。また、component は「com（共に）+ pon（置く）+ ent（もの）」から「構成要素」に、compound は「com（共に）+ pound（置く）」から「化合物」などの意味になります。

⏵ adjourn は「ad（〜の方へ）+ journ（日）」が語源で、別の日に延ばすことが原義です。国会の議会や法廷など、正式な組織内で行われる会議や集会などを、特定の時間と場所を定めて延期することです。adjourn the court for three hours（法廷を3時間休廷する）のように、一時休止したり、中断することです。また、自動詞として adjourn to 〜の形で、改まった場面で、休憩するために他の場所に移ることを表しますが、日常会話で使うと、ややおどけた響きがあります。

　語根の journ はラテン語で「日」を表す dies に由来し、day（日）、daily（毎日の）、dawn（夜明け、日の出）、daisy（ヒナギク）も同語源です。holiday は「holy（神聖な）+ day（日）」から「祝日・休日」、journal は日々の出来事を記したものから「会報・新聞」、journey は一日の行程から「旅行」などの意味になります。

⏵ defer は「de（離れて）+ fer（運ぶ）」が語源で、postpone よりも改まった場面で使われ、なすべきことを先延

ばしにすることを示唆します。例えば、**defer paying a bill until the winter bonus**（冬のボーナスまで支払いを延期する）のように使います。意図的な行為が暗示され、**deferred retirement** なら「退職延期」、**deferred payment of a debt** なら「借金返済の引き延ばし」です。

▶ delay は「de（完全に）＋ lay（そのまま残す）」が語源で、「まったくそのままにしておく」が原義です。<u>進行を妨げる妨害や障害のために遅れることに重点が置かれます</u>。**The heavy traffic delayed their arrival.**（彼らの到着は交通渋滞のために遅れた）のほか、主語が「人」の場合は、不注意や怠慢のせいで遅らせることを暗示させます。

　語根の lay は古フランス語で「残す」という意味で、relay は「re（後ろに）＋ lay（残す）」から成ります。次の走者にバトンを残すことから名詞で「リレー競技」、動詞で「（中継して）伝える」です。

◆ postpone 【動】〜を延期する
例）The game will be postponed until the weather improves.（天気が良くなるまで試合は延期される）
◆ adjourn 【動】（会議や法廷を）中断する・延期する
例）The international conference was adjourned until the next year.（国際会議は翌年に延期された）
◆ defer 【動】〜を延期する
例）You can defer payment until next week.
（来週まで支払いを延期できます）
◆ delay 【動】〜を遅らせる・延期する 【名】遅れ・遅延
例）Why did you delay seeing a doctor?
（なぜ医者に診てもらうのを遅らせたのですか？）

Q1
The train is (postponed / delayed) for an hour.

列車は1時間遅れている。

Q2
The court was (postponed / adjourned) for two hours.

2時間休廷した。

Q3
Shall we (defer / adjourn) to the bar for a drink?

一杯やりにバーに移動しましょうか。

Q4
We (postponed / adjourned) our holiday until next year.

私たちは休暇を来年に延ばした。

Q5
He (deferred / adjourned) paying the tax.

彼は納税を先延ばしにした。

1 delayed
通常の時間よりも「遅れている」のは delayed。
2 adjourned
法廷など改まった場面での中断は adjourn。
3 adjourn
中断して場所を移動するのは adjourn to ~ で表す。
4 postponed
adjourn は会議や法廷などを中断・延期することで、休日を延期するのは postpone。
5 deferred
なすべきことを先延ばしにするのは defer。

許可する、禁止する

- permit
- allow
- prohibit
- forbid
- ban

permit

公的に許可する

allow

個人的に許可する

prohibit

公的に
禁止する

forbid

個人的に
禁止する

ban

社会的・道徳的に
禁止する

⏵ **permit** の語源は「per（通して）＋ mit（送る）」です。「通過させる」が原義で、主に、法律や規則など公的な許可を積極的に相手に与えることを暗示させる語です。名詞として（アクセントは第1音節）、「許可書・免許証」の意味があることからも公的な許可です。

　ただし、**weather permitting**（天気がよければ）のように、天気や時間などの状況が許すという意味で使うこともできます。語根の mit（送る）については次項（p.144）に詳しく解説します。

　⏵ **allow** は「割り当てる」という意味の allocate と同じ語源で、permit が積極的な許可なのに対して、消極的・暗黙的な許可を表します。主に個人的な判断や裁量で非公式に許可を与えることを暗示させます。店主が独自の判断で、**No pets allowed.** という看板を立てたら「ペットお断り」です。名詞形の **allowance** は、会社から毎月支給される「手当」や親が子どもに与える「お小遣い」のことです。

　⏵ **prohibit** の語源は「pro（前に）＋ hibit（保つ）」で、前で待ち構えて食い留めることが原義です。permit の反意語で、法律や規則などで公的に禁止することで、力づくで守らせることを暗示させる語です。例えば、路上喫煙が禁止されているにもかかわらず喫煙をしてしまった者に対して罰金を科すような場合は、**Smoking is prohibited (＝ not permitted) here.**「ここでは喫煙禁止です」となります。

　語根の hibit はラテン語で「保つ」という意味の habere に由来します。exhibit は「ex（外に）＋ hibit（保つ）」で、外の置いておくことから「展示する・見せる」に、名詞形は exhibition（展示・展覧会）です。

⏵ **forbid** は、prohibit と同様に公的に禁止することもありますが、よりくだけた場面で、絶対的な権限を持った人が目下の者に対して用いられます。例えば、企業の社長が従業員に、親が子どもに、教師が生徒に対して禁止するような場合です。

⏵ **ban** は「民衆の前で述べる」ことが原義ですが、宗教的・道徳的・社会的な問題に関して、公的に強く禁止することです。例えば、「ポルノ雑誌の販売を禁止する」なら、**ban the sale of pornographic magazines** です。

◆ permit 【動】〜を許可する
例）Smoking is not permitted in this ward.
（この区では喫煙は禁止です）
◆ allow 【動】〜を許す
例）No pets are allowed in this restaurant.
（このレストランはペット持ち込み禁止です）
◆ prohibit 【動】〜を禁止する
例）Parking is prohibited in this area.
（この辺は駐車禁止です）
◆ forbid 【動】〜を禁止する
例）My father forbade me to go out after dark.
（暗くなってからの私の外出を父は禁止した）
◆ ban 【動】〜を禁止する
例）His book is banned in several countries.
（彼の本はいくつかの国で禁止されている）

Q1

Fishing in this lake is (forbidden / prohibited).

この湖で釣りをするのは禁止されている。

Q2

The father (forbade / prohibited) his daughter to go out at night.

父親は娘の夜間外出を禁止した。

Q3

Skateboarding is not (allowed / permitted) in this park.

この公園でのスケボーは許可されていない。

Q4

His parents didn't (allow / permit) him to go to the party.

両親は彼がパーティーに行くことを許可しなかった。

Q5

I'm of the opinion that guns should be (banned / forbidden).

私は銃は禁止されるべきだという意見です。

1 prohibited
  公的な禁止は prohibit。
2 forbade
  父親が個人の権限で娘に禁止するのは forbid。
3 permitted
  公の場での許可は permit。
4 allow
  個人的な判断で許可をするのは allow。
5 banned
  社会的道徳的に強く禁止するのは ban。

認める

- admit
- acknowledge
- concede
- confess

admit

入場・入会を認める

acknowledge

承認する

concede

譲って認める⇒譲歩する

confess

罪や過ちを認める

▶ **admit** の語源は「ad（〜の方へ）+ mit（送る）」で、「〜に入ることを認める」です。文字通り、<u>入会・入場・入学を認める</u>という意味です。例）He was admitted to the university.（彼はその大学に入学を認められた）。誤り・責任・罪などを「認める」という意味では、否定していたり、あやふやにしていたことをしぶしぶ認めることを暗示させます。admit の名詞形には **admittance** と **admission** の二つがあります。前者は入場（許可）に限られ、後者は入会・入学も含みます。「AO 入試」の AO は **admissions office** のことで学生の募集、入試の実施、入学者の選抜、入学手続などを行う「大学入学選考事務局」。「入場無料」は **admission free** ですが、「立入禁止」は **No admittance** です。

語根の mit はラテン語で「送る」という意味で、「sub（下に）+ mit（送る）」⇒ submit（服従する）、「e（外に）+ mit（送る）」⇒ emit（排出する）、「per（通して）+ mit（送る）」⇒ permit（許可する）などの意味になります。

▶ **acknowledge** は現在では使われなくなっている acknow（認める）という単語と knowledge（知識）が合体した語で、admit と同様に、<u>不都合なことをしぶしぶ認めること</u>が基本ですが、**Achilles is acknowledged to be the greatest Greek warrior.**（アキレスは最も偉大なギリシャの兵士と認められている）のように、以前から知られていた価値や重要性を認める肯定的な意味もあります。

▶ **concede** の語源は「con（共に）+ cede（譲る）」、つまり、「退く」ことです。<u>抗しきれない証拠があるために認めざるを得ないこと</u>を暗示させます。

語根の cede はラテン語で「譲る・行く」の cedere に由来し、

「pro（前に）＋ ceed（行く）」⇒ proceed（進む・続ける）、「su(c)（下に）＋ ceed（譲る）」⇒ succeed（後を継ぐ・成功する）、「ex（外に）＋ ceed（行く）」⇒ exceed（優れる・超える）、「re（後ろに）＋ cede（行く）」⇒ recede（遠ざかる）などの意味になります。

▶ confess は「con（完全に）＋ fess（話す）」が語源で、「すっきり話す」ことです。秘密や悪事などに関して知っていることを全て話すことから「告白する・白状する」という意味になります。自分が犯した罪や過ちが事実であったことを告白し、認めることです。犯した罪や過ちが宗教的・道徳的なものであることを示唆し、改まった場面で使われます。名詞形の **confession** は「自白・告白」です。

◆ admit 【動】〜を認める、（〜入会・入場・入学）を認める
例）She admitted her mistake.
（彼女は間違いを認めた）

◆ acknowledge 【動】〜と認める
例）He acknowledged that he had been at fault.
（彼は自分が悪かったことを認めた）

◆ concede 【動】〜だと認める、（敗北）を認める、譲歩する
例）He had to concede defeat.
（彼は自分の敗北を認めざるを得なかった）

◆ confess 【動】（〜が事実だと）認める、白状する
例）The suspect finally confessed the murder.
（容疑者はとうとう殺人を認めた）

Q1

She (admitted / confessed) her secret to me.

彼女は秘密を私に打ち明けた。

Q2

He had to (confess / concede) that he had made a mistake.

彼は自分が間違いをしたことを認めざるを得なかった。

Q3

English is (admitted / acknowledged) as an international language.

英語は国際語として認められている。

Q4

This ticket will (admit / acknowledge) two people.

このチケットで2人が入場できる。

Q5

He refused to (admit / confess).

彼は自白を拒んだ。

答え

1 confessed
秘密を打ち明けるのは confess。
2 concede
確かな証拠があって自分の間違いを
認めざるを得ないのは concede。
3 acknowledged
英語の重要性を肯定的に認めるのは acknowledge。
4 admit
入場や入会を認めるのは admit。
5 confess
「自白する・白状する」のは confess。

調べる

- ● check ● examine
- ● investigate ● inspect

check

手早く簡単に調べる
（チェック）

examine

検査・試験をして調べる

investigate

捜索して調べる

inspect

点検して調べる

◉ check の語源は「王様」です。チェスで勝利宣言を意味する「王手！」を **Checkmate!** と言います。王手をかけられると王様の動きが一瞬止まり、制限されますが、さらなる敵からの攻撃を逃れるために次の一手を調べることになります。ここから、check は「調べる・確認する」という意味で使われるようになりました。

check はアラビア語やペルシャ語で「王様」を指す shah に由来します。あることに問題がないか、正しく適切なものであるかどうかを手早く簡単に確かめることです。「再確認（する）」は **double-check** です。

◉ examine は「重さをはかってじっくり考える」という意味のラテン語 examinare に由来します。ある事柄について何かを発見するために慎重に、かつ詳細に渡って、じっくり見て、考えながら「調査する」ことに重点が置かれます。医者が患者の体を調べるのが「診察する」、学校の先生が生徒の知識を調べる場合は「試験をする」という訳語になります。名詞形は **examination**（試験・調査・診察）です。

◉ investigate は「追跡する」という意味のラテン語 investigare に由来します。事実を明らかにするために、事件や事故などの複雑な状況に対して組織的かつ綿密に「調査する」ことです。対象になるのは事件や出来事ですが、犯罪に関わりのある人間を調査する意味で使うこともできます。名詞形は **investigation**（調査・捜査）です。

◉ inspect は「in（中を）＋ spect（見る）」が語源です。調査される対象が一定の基準に照らして、正しいかどうかを厳しく見ることで、欠陥の有無を調べることに焦点が置

かれます。役所などが公式に行う建物や組織などの「調査」や「視察」が **inspection** で、「視察官」や「警視正」は **inspector** です。語根（単語の根幹を成す、最も重要な部分）の spect（見る）は、respect（尊敬する）や despise（軽蔑する）にも含まれます。spectacle は「spect（見る）＋cle（小さいもの）」から「見世物・素晴らしい眺め」となります。複数形の spectacles は「メガネ」、spectacular は「目を見張るような」、spectator は、スポーツや催しの「観客・見物人」のことです。そのほか、specialty（名物料理・専攻）や、「speci（見る）＋ men（小さいもの）」から成る specimen（標本・サンプル）などもあります。

◆ check 【動】〜を確かめる、〜を調べる、チェックする
【名】点検、調査、勘定書
例）I'll check my schedule.
（予定を調べてみます）

◆ examine 【動】〜を調査する、〜を検査する
例）The officer examined the contents of the bag.
（役人はそのバッグの中身を検査した）

◆ investigate 【動】〜を調査する、〜を捜査する
例）The police are investigating the cause of the accident.
（警察は事故の原因を調査している）

◆ inspect 【動】〜検査（点検）する
例）The office is inspected every three years.
（その事務所は3年ごとに検査される）

Q1
Have you (checked / examined) your e-mail?

メールを確認しましたか。

Q2
I had my son (examined / inspected) at the hospital.

息子を病院で検査してもらった。

Q3
This factory is regularly (examined / inspected) by officials.

この工場は役人によって定期的に検査されている。

Q4
The matter was thoroughly (inspected / investigated) by the FBI.

その問題は FBI によって徹底的に調査された。

Q5
Can you (check / examine) the document for spelling mistakes?

文書にスペルミスがないか確認してくれますか。

答え

1 checked
メールの確認は check。

2 examined
病院で体を検査するのは examine。

3 inspected
役所などが公式に行う建物や組織などの
「調査」や「検査」は inspect。

4 investigated
事件や事故などを FBI が組織的調査するのは investigate。

5 check
スペルミスの確認は check。

分ける

- ◉ divide
- ◉ assign
- ◉ allot
- ◉ distribute

divide

平等に分ける

assign

任務や課題を
割り当てる

allot

お金や時間を割り当てる

distribute

配布・分配する

▶ **divide** は「di（離れて）＋ vide（分かれる）」が語源です。分ける方法は問いませんが、基本的には平等に分けることに焦点が置かれます。持ち株に応じて分配される **dividend**（配当）や、**divider**（分割コンパス）のなどの派生語がこの意味を裏付けています。**divide the profits between you and me** なら「利益は君と僕で山分け」ということです。ただし、分ける対象が２種類以上になると、この平等感はなくなり、例えば、海賊が戦利品を仲間内で divide する場合は、おそらく集団内の序列によって分け前は異なることになります。

▶ **assign** は「a(s)（〜の方へ）＋ sign（記す）」が語源で、分け与える相手に印をつけることが原義です。divide と異なり、分け与える分量の平等感はなく、特に権限のある者が独断で量を決めるという含みがあります。与えるものは金品ではなく、仕事や課題が中心です。名詞形の **assignment** は「割り当てられた仕事」や教師が生徒に課する「課題・宿題」です。
　語根の sign（記す）を含む design は「de（下に）＋ sign（記す）」から、下絵から「デザイン（する）・設計（する）」となります。また、resign は「re（後ろに）＋ sign（記す）」から「身を引いて記す」⇒「辞職する」となります。

▶ **allot** は「a(l)（〜の方へ）＋ lot（くじ引き）」が語源で、くじを引いて分け与えることが原義です。assign と同様に、分け与える分量の平等感はなく、権限のある者が、お金・時間・仕事などを振り分ける感じです。lot は「くじ引き」の意味から「運命」や、くじで割り当てられた「土地」などの意味があります。lottery は「宝くじ」です。

▶ **distribute** は「dis（離れて）＋ tribute（与える）」が語

源で、別々に与えることが原義です。分け与えるモノをあちこちにいる人たちにばらまく感じです。名詞形の **distribution** は「配布・分布」です。

　語根の tribute（与える）は古代ローマ時代に「部族（tribe）」が三つに分けられ、それぞれの部族は外敵から身を守ってくれる代わりに神様に貢物をしたことに由来しています。

　contribute は「con（共に）＋ tribute（与える）」から「貢献する」となります。また、attribute は「a(t)（～の方へ）＋ tribute（与える）」から「～のせいにする」です。

◆ divide 【動】～を分ける、～を分割する
例）The teacher divided the students into five groups.
（先生は生徒たちを五つのグループに分けた）

◆ assign 【動】～を割り当てる
例）We were assigned a lot of homework.
（私たちはたくさん宿題を出された）

◆ allot 【動】～を割り振る、～を割り当てる、～を分配する
例）Each presenter was allotted 30 minutes.
（それぞれの発表者には30分が割り当てられた）

◆ distribute 【動】～を配布する、～を分配する
例）They distributed food to the refugees.
（彼らは難民に食糧を配布した）

Q1
Let's (divide / distribute) this cake in half.

このケーキ、半分に分けよう。

Q2
They (divided / distributed) free food to the poor.

彼らは無料の食料を貧しい人たちに分配した。

Q3
All the money was (assigned / allotted) to the players.

そのお金は全て選手たちに分配された。

Q4
Each student was (divided / allotted) 30 minutes to write about global warming.

地球温暖化について書くために各生徒は 30分割り当てられた。

Q5
The money was (divided / assigned) equally among all members.

そのお金は全ての会員に平等に分けられた。

答え

1　divide
等分に切って分けるのは divide。
2　distributed
人々にばらまいたり配布するのは distribute。
3　allotted
権限のある者がお金を分配するのは allot。
4　allotted
権限のある者が時間を割り振るのは allot。
5　divided
平等に分けるのは divide で表す。

交換する

- ● barter
- ● exchange
- ● trade
- ● swap

barter

物々交換をする

trade

取り引き（貿易）をする

exchange

商品の交換・両替をする

swap

取りかえっこする

◉ **barter** は古フランス語で「だます・不正取引をする」という意味の barater に由来します。必要なものを得るために、自分で作ったり育てた物と他人が持っている物を直接交換する、つまり、仲介者を入れずに、「物々交換する」ことです。物に限らずサービスの交換にも使うことができます。

◉ **trade** は、**tread a path**（道を踏む）が語源で、他国に足を運んで取り引きをする、つまり「貿易（する）」という意味の他に、単に「商売をする」や「取引をする」という意味もあります。**trading** は、自分の所有物を売って利益を得ることから「商い・営業」を指します。また、**trade seats**（席を交換する）のように、trade が単に「交換する」という意味では、金銭のやり取りを伴いません。スポーツで選手の移籍や交換や株の売買も trade です。**trader** は「貿易業者・商船」です。

trade と同じ語源の単語に、trap（わな）、tread（踏む）、trot（速足で進む）などがあります。また、フィットネスクラブで、ベルトの上を走ったり歩いたりする運動器具の「トレッドミル（treadmill）」の語源は、かつて刑罰の一つとして、水車場で水をくみ上げるための踏み車を踏まされたことに由来します。

◉ **exchange** は「ex（外で）＋ change（変える）」が語源で、所有物を手放して別の物に代えることが原義です。海外の観光地に行けば街のあちこちで、EXCHANGE（両替）の看板を目にしますが、exchange は経済の意味に限らず、単なる相互間の交換について広く用いられます。交換される物が同程度の価値を持っていなくても問題ありません。不要な物や満足できない物を捨てて、より良い物に交換することを含意します。店で買ったものを家に帰って開けてみたら、傷がある

ことがわかった場合は、店に戻って、**Can you exchange this?**（これ、交換してもらえますか?）と言えばいいわけです。

▶ swap は、お互いが欲しい物を手に入れるために交換するという意味では、barter と同じですが、barter が正式な場面で使われるのに対して、swap は、くだけた場面で使われます。また、trade seats よりも swap seats の方がより口語的な表現です。違うお菓子を食べている2人の子どもが互いのお菓子を交換したくなった場合に、**Let's swap.**（交換しよう）という表現が使えます。

◆ barter 【動】物々交換をする 【名】物々交換
例）He bartered his watch for a guitar.
（彼は時計をギターと交換した）

◆ trade 【動】〜を交換する、〜と取引（貿易）をする
【名】貿易、商売、職業
例）I traded my watch for a bicycle.
（私の時計を自転車と交換した）

◆ exchange 【動】〜を交換する
【名】交換、両替、交流
例）They exchanged gifts at Christmas.
（彼らはクリスマスに贈り物を交換した）

◆ swap 【動】〜を交換する、〜を取り替える
例）Can you swap my cake for your peanuts?
（僕のケーキと君のピーナッツを取り替えてくれる?）

Quiz **35**

Q1
Where can I (swap / exchange) money?
お金の両替はどこでできますか。

Q2
I like your apple and you like my melon; let's (barter / swap).
僕は君のリンゴが好き、君は僕のメロンが好き。取り替えっこしよう。

Q3
I often (exchange / barter) e-mails with her.
私はよく彼女とメールのやり取りをする。

Q4
Japan used to (exchange / trade) silk in large quantities.
日本はかつて大量に絹の貿易をしていた。

Q5
Over five million shares were (bartered / traded) today.
今日は5百万以上の株が取り引きされた。

答え

1　exchange
　お金を両替するのは exchange。
2　swap
　くだけた場面での交換は barter ではなく、swap を使う。
3　exchange
　barter は物やサービスの交換のみで、
　メールの交換には使えない。
4　trade
　「貿易をする」という意味があるのは trade。
5　traded
　「取引をする」という意味があるのは trade。

取り戻す

- ⦿ recover
- ⦿ reclaim
- ⦿ retrieve
- ⦿ restore
- ⦿ regain

recover

回復する

restore

修復する

reclaim

返還を求める

regain

取り戻す

retrieve

回収する

▶ **recover** は「取り戻す」という意味の最も一般的な単語です。語源は「re（再び）＋ cover（覆う）」から、欠けた部分を再び覆うことが原義です。失くしたものを偶然に見つけて取り戻すほか、意図的に見つけて取り戻すことにも使うことができます。失ったものがお金の場合は全額「取り戻す」ことに、失ったものが健康や地位・勢いなら「回復する」と解釈します。自動詞として「回復する・立ち直る」の場合は、前置詞の from を伴うことが多いです。名詞形の **recovery** は「回復」「復興」です。

▶ **restore** は「re（元に）＋ store（立つ）」が語源で、元の場所に立つことが原義です。焼失した首里城の復元作業のように、建築物や美術品などを元の状態に戻すことです。さらに、制度・伝統・健康・地位などを元の状態に戻す場合にも使えます。名詞形の **restoration** は「復元」「修復」「回復」です。**restaurant**（レストラン）は「元気を回復するための場所」が元の意味です。

▶ **reclaim** は「re（元に）＋ claim（叫ぶ）」が語源で、「元の場所に戻って来る」が原義です。持ち物や税金などの返還を求める意味で使うことが多いですが、特に土地や広大な地域が元の状態に戻ることに重点が置かれ、所有権が移行したり、人を悪の道から再生させることを暗示する単語です。

語根の claim はラテン語で「大声で叫ぶ」という意味の clamare に由来し、claim だけなら「主張（する）」、exclaim なら「ex（外に）＋ claim（叫ぶ）」から「（突然）叫ぶ」となります。また、acclaim は「a(c)（〜の方へ）＋ claim（叫ぶ）」から「拍手で迎える」となり、名詞なら「拍手喝采」です。

⏵ **regain** は「re（再び）＋ gain（獲得する）」が語源です。失ったものを「取り戻す」ことです。gain は「耕す」が原義です。通例、regain は、計画的に時間をかける作業であることを含意します。

⏵ **retrieve** は「re（再び）＋ trieve（見つける）」が語源です。例えば、公園のベンチに置き忘れたバッグを取り戻すように、うっかりして手の届かない所へ行ってしまったものを努力して取り戻すことを暗示させる語です。犬種の **retriever**（レトリバー）は獲物を回収する「狩猟犬」です。

◆ recover 【動】（〜を）回復する、〜を取り戻す
例）He recovered his eyesight after the operation.
（彼は術後に視力を回復した）
◆ restore 【動】〜を回復する、〜を修復する
例）He was restored to health in a month.
（彼は1カ月で健康を回復した）
◆ reclaim 【動】〜の返還を求める、〜を再生する、
〜を元の姿に戻す
例）Metal is reclaimed from old cans.
（空き缶から金属を再生する）
◆ regain 【動】〜を取り戻す、〜を回復する
【名】増加、利点
例）He regained his eyesight after several operations.
（彼は数回の手術をした後に視力を回復した）
◆ retrieve 【動】〜を取り戻す、〜回収する、〜を修復する
例）Can you retrieve the deleted data?
（削除したデータを修復できますか？）

Q1

The country has (recovered / regained) from the depression.

その国は不況から立ち直った。

Q2

You can (restore / reclaim) the income tax.

所得税の返還請求をすることができます。

Q3

The old castle has been (restored / recovered) and is open to the public.

その古城は修復され一般公開されている。

Q4

He had left his bag at the airport and went back to (regain / retrieve) it.

彼は空港にバッグを忘れ、それを取り戻しに戻った。

Q5

She (regained / reclaimed) her health after the surgery.

彼女は術後、健康を回復した。

答え

1　recovered
「〜から立ち直る」のは recover from 〜 で表す。

2　reclaim
税金の返還請求をするのは reclaim。

3　restored
古い城など建物を修復させるのは restore。

4　retrieve
うっかりして忘れたものを取り戻しに行くのは retrieve。

5　regained
reclaim には「健康を回復する」という意味はないので、regain を選ぶ。

借りる

- ◉ borrow
- ◉ rent
- ◉ lease
- ◉ charter

borrow

お金を払わずに
一時的に借りる

lease

契約を結んで賃借りする
（リース）

rent

有料で借りる
（レンタル）

charter

借り切る
（チャーター）

▶ borrow は「抵当を出す」という意味のゲルマン祖語に由来します。他人が持っているものを許可を得て、お金を払わずに一時的に借りることです。かつては借りる対象となるものは基本的に動かせるもののみで、トイレや固定の電話を **borrow**（借りる）ことはできないと言われていましたが、現在では、borrow も use と同様に使われています。borrow はお金を払わないのが原則ですが、例外的に、**borrow some money from a bank**（銀行からお金をいくらか借りる）という表現は可能です。borrow の対義語が lend（貸す）です。

▶ lease はラテン語で「ゆるめる」という意味の laxare に由来しますが、規則をゆるめて土地を貸すことが原義です。契約に基づいて、土地・建物・部屋のほか、個人の所有物などを「賃貸しする」、または「賃借りする」ことです。名詞では「賃貸借契約（期間）」です。

「ゆるめる」という意味の laxare と同じ語源の単語 lax は「ゆるんだ、厳しくない」の意味。relax は「re（後ろに）＋ lax（ゆるめる）」から「くつろぐ、くつろがせる」となります。release は「re（元に）＋ lease（ゆるめる）」で、元の状態に緩めることから「解放する、離す、公開する」などの意味になります。

▶ rent は、土地や建物などの不動産を定められた賃料を払って、比較的長い期間に渡って「借りる」または「貸す」ことです。車・自転車・DVD・衣装などの貸し借りは短期間ですが主にアメリカ英語では、**I rented a DVD from the rental store.**（レンタル店から DVD を借りた）のように使うことはできます。

▶ charter は乗り物を「チャーターする」つまり、「借り切る」

ことです。charter は card（カード）と同じ語源で、1枚の小さな紙に書かれた権利や特権を与えるための契約のことです。大文字で、**the Charter** とすると「憲章」になり、**chart** は、1枚の紙に書かれた「図表」や「海図」のことです。フランス料理で、好みに応じて料理を1品ずつ注文することを a la carte（アラカルト）と言いますが、carte とは紙に書かれた「献立表」のことで「1品ずつ」の意味です。carton は「cart（カード）＋ on（大きいもの）」から「カートン、ボール箱」、cartoon はカードに描かれた「風刺漫画」です。

◆ borrow 【動】〜を借りる
例）Can I borrow your pen?
（ペンを借りてもいいですか?）

◆ lease 【動】〜を賃貸しする、〜を賃借りする
【名】賃貸借（契約）
例）They agreed to lease their apartment to her.
（彼らは彼女にアパートを賃貸しすることに同意した）

◆ rent 【動】〜を賃貸しする、〜を賃借りする
【名】賃貸料
例）I'll rent a car for a week.
（1週間、車を借ります）

◆ charter 【動】〜を借り切る
例）He chartered a plane to Lebanon.
（彼は飛行機をチャーターしてレバノンに行った）

Q1

They (rented / chartered) an airplane to fly to a small island.

彼らは小さな島に飛ぶために飛行機を借り切った。

Q2

I (rent / borrow) an apartment from her.

私は彼女からアパートを借りている。

Q3

She (rented / borrowed) a DVD from Tom.

彼女はトムから DVD を借りた。

Q4

If you upgrade computers regularly, you should (rent / lease) them.

定期的にアップグレードするならコンピュータは賃貸借契約して借りた方がいい。

Q5

How much can I (lend / borrow)?

いくら借りられますか。

答え

1 chartered
飛行機を借り切るのは charter。
2 rent
家や土地などをお金を払って借りるのは rent。
3 borrowed
お金を払わずに借りるときは、borrow。
4 lease
賃貸借契約で借りたり貸したりするのは lease。
5 borrow
lend は「貸す」という意味なので、borrow が正解。

手に入れる

- ● get ● obtain ● gain
- ● acquire ● procure

get

受動的・積極的に
手に入れる

obtain

探し出して
入手する

gain

少しずつ獲得する

acquire

時間をかけて
入手困難なものを獲得する

procure

調達する

▶ **get** は「手に入れる」「自分のものにする」という意味で最も口語的で一般的な動詞です。自分のものにする過程は基本的に二つあります。一つ目は、**get a letter from Lucy**（ルーシーから手紙をもらう）や **get a cold from Lucy**（ルーシーから風邪をうつされる）のように、受動的に無意識に、または偶発的に自分のものにすることです。二つ目は、**get a new car**（新車を買う）のように、積極的に働きかけて自分のものにすることです。

▶ **obtain** の語源は「ob（向かって、近くで）＋ tain（保つ、伸ばす）」です。対象となるものに手や足を伸ばして獲得することが原義で、何かを探し出すことに焦点が当てられ、あらゆる努力を通じて獲得することです。

▶ **gain** は obtain よりも大きな努力を必要とし、力づくで手に入れることに焦点が当てられます。すでに持っているモノを少しずつ増やして行くことを暗示させる語です。ここから、**gain weight**（体重が増える）などの表現が可能となります。

▶ **acquire** は「a(c)（～を）＋ quire（探し求める）」が語源です。時間をかけて継続的に求めることによる獲得を意味し、obtain が骨を折って獲得する行為に焦点が当てられるのに対して、acquire は獲得したモノに焦点が当てられます。特に高価で入手困難なモノを手に入れる場合に使われます。このほか、知識・技術・評判など、手で触れることができないモノも対象になります。語根の quire はラテン語で「探し求める」という意味で、inquire は「in（中に）＋ quire（探し求める）」から、「尋ねる」、require は「re（再び）＋quire（探し求める）」から「必要とする、要求する」となります。

⏵**procure** は「pro（代わりに）＋ cure（世話をする）」が語源です。誰かのために取得することが原義で、駆け引きをしながら手に入れることに焦点が当てられ、時にいかがわしい取引での入手にも使えます。

語根の cure は「世話」や「心配」の意味のフランス語に由来し、**manicure** は「mani（手）＋ cure（世話）」から「手の指や爪の手入れ」、pedicure は「pedi（足）＋ cure（世話）」から「足の指や爪の手入れ」などの意味になります。

◆ get 【動】〜を得る
例）I got first prize in the speech contest.
（スピーチコンテストで優勝した）

◆ obtain 【動】〜を手に入れる、〜を得る
例）How did you obtain this watch?
（この腕時計をどうやって手に入れましたか？）

◆ gain 【動】〜を獲得する 【名】増加、利点
例）We need to gain more customers.
（私たちはもっと顧客を増やす必要がある）

◆ acquire 【動】〜を得る、〜を獲得する、〜を習得する
例）How did you acquire Russian?
（どのようにロシア語を習得しましたか？）

◆ procure 【動】〜を手に入れる、〜を調達する、〜を手に入れてあげる
例）He procured Arashi concert tickets for his daughter.
（彼は娘のために嵐のコンサートチケットを入手した）

Q1

My watch (gets / gains) two minutes a day.

私の時計は1日に2分進む。

Q2

I (got / obtained) this present for my birthday.

このプレゼントを誕生日にもらった。

Q3

I have recently (obtained / acquired) a taste for wine.

最近、ワインの味が覚えました。

Q4

He was suspected of having (obtained / procured) weapons for terrorists.

彼はテロリストのために武器を調達した嫌疑をかけられた。

Q5

How did you (gain / obtain) this painting?

この絵画をどうやって手に入れましたか。

答え

1 gains
   時計が少しずつ進むのは gain。

2 got
   受動的に手にするのは get。

3 acquired
   ワインの味のように手に触れることができない知識や能力を
   得るのは acquire。

4 procured
   テロリストたちと駆け引きをして不正なものを
   調達するのは procure。

5 obtain
   gain は具体的な物品を「得る」という意味では使わない、
   obtain（手に入れる）は get の改まった語。

供給する、頼る

- ● supply
- ● provide
- ● depend
- ● rely
- ● count

supply

不足しないように
補充する

provide

将来に備えて供給する

depend

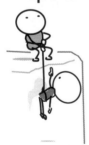

ぶら下がって
すべてをゆだねる
⇒依存する

rely

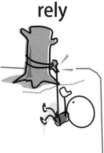

経験や判断に
基づいて頼る
⇒信頼する

count

頭で計算しながら
頼る
⇒当てにする

◉ **supply** は「su(p)（下から）＋ ply（満たす）」が語源で、下から上に満たしていくことが原義です。必要なものが不足しないように補充することで、補充する品物に焦点があります。「需要」の demand に対して、「供給」は **supply** です。

　◉ **provide** は「pro（前を）＋ vide（見る）」ことから、将来に備えて供給するという行為に焦点があります。名詞形の **provision** は「供給、食糧」の意味のほかに、将来に備えての「準備」や「用意」の意味があります。また、provide は自動詞として、食事や衣服などを「人に与える」とか「扶養する」という意味もあります。

　◉ **depend** は「de（下に）＋ pend（つるす）」が語源です。下にぶら下がっていることから「頼る」という意味になります。ぶら下がっているモノや人にとって、上で支えているモノや人はなくてはならない存在で、すべてを委ねることになります。ここから、「～次第である」という意味が生まれます。形容詞形は **dependent**「頼っている、～次第である」、名詞形は **dependence**「頼ること、依存」で、それぞれの反意語は、**independent**（独立した）と **independence**（独立）です。

　◉ **rely** は「re（完全に）＋ ly（結びつける）」が語源です。一方的に頼る感のある depend と異なり、頼る側が今までの経験や、現実的な判断に基づいて相手に頼ろうという意思が働いていることを暗示します。形容詞の **reliable** は「信頼できる」、名詞形の **reliance** は「信頼」です。語根の ly はラテン語の ligare（結びつける、縛る）に由来し、religion は「re（完全に）＋ lig（結びつける）＋ ion（名詞語尾）」で、神との完全なる結びつきから「宗教」となります。音と音をつなぐ

liaison（リエゾン）や league（同盟、連盟）も結びつきに関連します。ally は「a(l)（〜の方へ）＋ ly（結びつける）」から「同盟、同盟する」です。名詞形の alliance も「同盟（国）」です。obligation（義務）は「ob（向かって）＋ lig（つなぐ）＋ ation（名詞語尾）」が語源です。

　⦿ count は「計算する」が語源で、計算しながら相手に頼ろうという意思が含まれます。期待度が高いために、数から外れた時の失望度は高いことを暗示します。助動詞の can が伴わない場合は、進行形で表されることが多い。

◆ supply　【動】〜を供給する、〜を提供する
【名】供給（量）、必需品
例）Our local butcher supplies us with delicious sausages.（地元の肉屋さんは美味しいソーセージを提供する）
◆ provide　【動】〜を供給する、〜を提供する
例）Bees provide honey for us.
（ミツバチは私たちにハチミツを提供する）
◆ depend　【動】〜に頼る、〜に依存する、〜次第である
例）It depends on the weather.
（それは天気次第です）
◆ rely　【動】〜を頼りにする、〜を当てにする
例）You need people you can rely on.
（あなたには頼りにすることができる人が必要です）
◆ count　【動】〜を頼りにする、〜を当てにする
例）You can count on me.
（私のこと、当てにしてもいいですよ）

Q1

He (supplied / provided) for his old age.

彼は老後に備えた。

2

A calorie is defined as a unit of energy (supplied / provided) by food.

カロリーとは、食べ物が供給するエネルギーの一単位と定義される。

Q3

He has a large family to (supply / provide) for.

彼には扶養しなければならない大家族がいる。

Q4

The answer (counts / depends) on the person asked.

その答えは聞く人によります。

Q5

They (count / rely) on this river for drinking water.

彼らは飲み水をこの川に頼っている。

答え

1　provided
　　将来に備えて準備をするのは provide。
2　supplied
　　体が必要とするものが不足しないように補充するのは supply。
3　provide
　　「扶養する」という意味のあるのは provide。
4　depends
　　「～次第だ」の意味があるのは depend。
5　rely
　　今までの経験や、現実的な判断に基づいて相手に頼ろうと
　　いう意思が働いているので rely を選ぶ。

持つ

- ⦿ own
- ⦿ have
- ⦿ possess
- ⦿ hold

own

法的に所有する
（オーナー）

possess

所持する

have

自分の支配できる
範囲内に所有する

hold

手に持っている

▶ own は、形容詞で「自分自身の」という意味ですが、動詞では自分で買ったり、人からもらったものを法的に所有していることを強調する単語です。日本語で「オーナーシェフ」と言えば、自らが経営するレストランで料理長を兼ねた人のことですが、英語ではこのような言い方はまれで、あえて表せば、a managing chef や a chef who owns his / her restaurant です。**My father owns this factory.**（父はこの工場を所有しています）を受動態で、**This factory is owned by my father.** とすることもできます。

▶ possess は「pos（力）+sess（座る）」が語源です。力を持って居座ることが原義です。own と同様に法的に所有することで、主に法律上で使われる格式ばった語です。own が法的に取得した行為に焦点があるのに対して、possess は取得した手段は問題にせず、自分が持っているモノに焦点があります。名詞形の **possession**（所有）に関して、**Possession is nine-tenths of the law.**（占有は法律の九分）ということわざがあります。これは現に占有している者が実際の持ち主よりもはるかに大きな権利を持つという意味です。したがって、**possess a house**（家を所有する）という表現は、住宅ローンが残っていることを暗示させます。また、possess には、能力や特質などを持っている場合にも使えます。

▶ have は「所有」を意味する最も一般的な単語で、自分の支配が及ぶ範囲内に、あるものを所有している状態が原義です。**I have a car.**（私は車を所有している）には、もう一つの意味があります。例えば、約束の場所にどうやって来ますか、という質問に対して、I have a car. と言えば、必ずしもマイカー（privately owned car）で行くとは限らず、父親の車であ

ってもいいわけです。　要するに、車という交通手段があること も have で表すことができるのです。

　▶ hold は基本的には手で押さえて「持っている」という意味で、資格・財産・思想などを持っている場合にも使うことができます。他の誰かに持って行かれないように、しっかり守っていることに焦点があります。own と同様に、法的な所有権を持っていることを表すことができます。**He holds a large estate in Australia.**（彼はオーストラリアに大きな地所を持っている）は、外国の資産など、実際には使っていないものを実質的にそれを所有する者に委託する形で所有していることを意味します。

◆ own　【動】〜を所有する、〜を持っている
【形】自分自身の、独自の
例）Who owns this castle?
（この城の所有者は誰ですか？）

◆ possess　【動】〜を所有する、〜を所持する、
〜（能力・特質）を持っている
例）He was arrested for possessing drugs.
（彼は麻薬の所持で逮捕された）

◆ have　【動】〜を持つ、〜を持っている
例）I have a lot of money.
（私はお金をたくさん持っている）

◆ hold　【動】〜を持つ
例）He held the money for his son until he came of age.
（彼は息子が成人するまで、自分がそのお金を所有していた）

Q1
He was charged with illegally (holding / possessing) a gun.

彼は拳銃の不法所持で告発された。

Q2
The island has been privately (had / owned) by the family.

その島はその家族が私的に所有してきた。

Q3
Do you (own / have) some money with you?

お金、少し持ってる?

Q4
Can you (have / hold) my bag for a while?

ちょっと私のバッグを持っててくれますか。

Q5
She still (possesses / holds) the world record.

彼女はまだ世界記録を持っている。

1 possessing
「不法に所持する」のは possess。
2 owned
「法的に所有する」のは own。
3 have
「手持ちのお金を持つ」のは have money with ~。
4 hold
「手で押さえて持つ」のは hold。
5 holds
「記録を持つ」のは hold。

人間関係の
単語選び

Chapter

5

非難する、しかる

- scold
- reproach
- rebuke
- reprimand
- reprove

scold

ガミガミ叱る

reprimand

後ろに押し倒す
⇒大人を叱責する

reproach

とがめる

reprove

諭すように
たしなめる

rebuke

後ろにたたく⇒激しい叱責・非難をする

▶ scold の語源は「下品な言葉を話す人」や「汚い言葉を好む詩人」です。現代英語では、親が子どもに、または学校の先生が生徒に対するように、目上の者が目下の者に対して「叱る」の意味で使われます。ガミガミと叱ることに<u>焦点</u>が当てられ、通常は大人に対して使われることはありません。

▶ reprimand の語源は「re（後ろに）＋ premer（圧力をかける）」で、後ろに押し倒すことが原義です。教師が生徒に、または上司が部下に対して、<u>やるべきことをやらなかったことを理由に強く叱責する</u>ことです。叱責する者とされる者が向かい合っていることを暗示させます。

▶ reproach の語源は「re（反対に）＋ proach（近い）」で、「近づけない」ことが原義です。例えば、誕生日を忘れてしまった夫に対して妻が非難するように、思いやりの無さや自分勝手な行為に対する怒りや悲しみ・失意の気持ちから<u>相手の非をとがめる</u>ことに焦点が当てられます。

語根の proach は「近い」という意味で、approach は「a(p)（〜の方へ）＋ proach（近い）」から「近づく・接近・手法」、approximately は「a(p)（〜の方へ）＋prox（近い）＋ate（形容詞語尾）＋ly（副詞語尾）」から「およそ、約」などの意味になります。

▶ reprove の語源は「re（反対に）＋ prove（価値を証明する、試す）」で、価値がないことを証明するのが原義です。穏やかに叱ることで、<u>懲らしめるというより、友達のように諭すことに焦点</u>が当てられます。

語根の prove は「同意する」（p.80）の approve の項で取り上げましたが、ラテン語で「試す」という意味の probare に由

来します。prove は試して「証明する」で、名詞形の proof は「証拠」です。probable は「prob（証明する）+ able（できる）」から「確実な」の意味で、副詞形の probably は「たぶん・十中八九」などの意味になります。

▶ rebuke の語源は「re（後ろに）+ buke（たたく）」で、目前で行われている行為に対して叱ることで、公的な場所で、怒りを込めて激しく、時に唐突に叱責・非難することです。

◆ scold 【動】〜を叱る
例）The teacher scolded the student for coming late.
（先生は生徒に遅刻したことを叱った）

◆ reprimand 【動】〜を叱責する、〜を懲戒する
【名】叱責、懲戒
例）The police officer reprimanded them for drinking in the park.
（警察官は彼らが公園でお酒を飲んでいることを叱責した）

◆ reproach 【動】〜を非難する、〜をとがめる
例）He reproached his daughter for coming home an hour past curfew.
（彼は娘が門限を1時間過ぎて帰宅したことをとがめた）

◆ reprove 【動】〜を叱る、〜をたしなめる
例）The teacher reproved the student for being late.
（先生は生徒に遅刻したことをたしなめた）

◆ rebuke 【動】〜を非難する、叱責する
【名】叱責、激しい非難
例）The president was rebuked for racist language.
（大統領は人種差別発言で非難された）

184

Q1
He was severely (scolded / reprimanded) by his boss.

彼は上司に厳しく叱責された。

Q2
He (scolded / reproved) me mildly about my jacket.

彼は私のジャケットについて軽くたしなめた。

Q3
Don't (scold / reprimand) me so much.

そんなにガミガミ言わないでよ。

Q4
He was sharply (scolded / rebuked) for his behavior.

彼は行動を厳しく叱責された。

Q5
The judge (scolded / reproved) the lawyer for yelling in court.

裁判官は法廷で大声を上げたことに対して弁護士を諭すようにたしなめた。

答え

1 reprimanded
上司が部下を叱責するのは reprimand で表す。
2 reproved
軽くたしなめるのは reprove で表す。
3 scold
ガミガミ叱るのは scold で表す。
4 rebuked
厳しく叱責するのは rebuke で表す。
5 reproved
諭すようにたしなめるのは reprove で表す。

見捨てる

- leave
- abandon
- desert
- renounce

leave

その場を後にして去る

abandon

管理をゆだねる
⇒やむを得ず管理下のものを
放棄する

desert

見捨てて離れる

renounce

公式に放棄する

⊙ **leave** は、その場を後にして去ることが原義です。**He left school last month.** (彼は先月、学校を後にして去った) は「卒業した」のほか「退学した」の意味にも取れます。つまり、leave は、出発した結果、その場所から物理的に去るだけで、出発の動機は含まれていません。これは対象が場所でなく、人の場合でも同じです。例えば、He left his wife. は「彼は妻の元を去った」だけで、どんな理由があって去ったのかは問題にしていません。He left his wife for another woman. のように理由を加えれば、「彼は別の女性のために妻から去った」、つまり、「彼は妻を見捨てて他の女性に走った」ということになります。

⊙ **abandon** は「a (〜の方へ) ＋ bandon (権力、管理)」が語源で、他の管理下に身をゆだねて放棄することです。例えば、研究者がより良い条件を求めて別の研究所に移ったり、沈没する船から最後に船長が船を去るように、差し迫った状況下で、自分が興味を持っていたものや、自分が責任を負わなければならなかったものをすべて放棄することを暗示させる語です。

⊙ **desert** は「de (離れて) ＋ sert (つなぐ、並べる)」が語源で、つながりがなくなることが原義です。親が子どもを見捨てたり、兵士が軍務を逃れて脱走したりするように、法律的な責任だけでなく道徳的な責任を放棄することに焦点が置かれます。**deserted** は形容詞で「見捨てられた」「人けのない」という意味で、**deserted child** は「捨て子」、**deserted village** は「廃村」です。「砂漠」の意味の **desert** は見捨てられた土地が原義です。

語根の sert は印欧祖語で「並べる」という意味の ser に由

来します。sort（種類、分類する）、series（連続）、assortment（詰め合わせ）も同族語です。また、insert は「in（中に）+ sert（並べる）」から「差し込む」、exert は「ex（外に）+(s)ert（並べる）」から「働かせる、努力する」などの意味になります。ちなみに、食後の dessert（デザート）は「des（離れて）+ sert（仕える）」が語源で、「給仕の手から離れる」ことに由来します。

⏵renounce は「re（反して）+ nounce（叫ぶ）」が語源で、あちらに行けと叫ぶことが原義です。<u>権利や信条などを自発的に公式に捨てることに焦点が置かれます</u>。名詞形は renunciation（断念、放棄）で、the renunciation of war が「戦争放棄」です。

◆ leave 【動】（〜を）去る、〜を残す、〜のままにする
例）My secretary left me.
（秘書が辞めてしまった）

◆ abandon 【動】〜を捨てる、〜を見捨てる、〜を断念する
例）He was abandoned by his mother when he was a child.
（彼は子どものころ、母親に捨てられた）

◆ desert 【動】〜を捨てる、〜を見捨てる
例）He deserted me and my daughter for another woman.
（彼は私と娘を置いて別の女に走った）

◆ renounce 【動】〜を放棄する、〜を断念する
例）The people renounced war forever.
（その国民は戦争を永久に放棄した）

Q1

You must (abandon / renounce) all forms of terrorism.

あなたたちはあらゆる形のテロ行為を放棄しなければならない。

Q2

They all (abandoned / renounced) the village before the soldiers came.

兵士たちが来る前に彼らは全員村を去った。

Q3

A lot of soldiers (abandoned / deserted) from the army.

多くの兵士たちが軍隊から脱走した。

Q4

She (left / renounced) her husband for a younger man.

彼女は夫を捨てて若い男に走った。

Q5

The beach was (abandoned / deserted).

ビーチには人影がなかった。

答え

1 renounce
公式にテロ行為を放棄するのは renounce。

2 abandoned
敵に攻められるという差し迫った状況で、
村を捨てるのは abandon。

3 deserted
兵士が責務を逃れて逃げるのは desert。abandon は他動詞
なので目的語が必要。

4 left
leave A（人）for B（人）で「A を捨てて B に走る」の意味。

5 deserted
「人けのない」という形容詞は deserted。

強いる

- ◉ make
- ◉ force
- ◉ compel
- ◉ oblige

make

せざるを得ない状況を作る
⇒させる

force

力づくで強いる

compel

駆り立てて動かす
⇒無理やりさせる

oblige

人を結びつける
⇒義務としてさせる

▶ make は「作る」という意味の最も一般的な動詞です。作る対象となる人やモノが、そうせざるを得ない状況を作り出すことから「〜させる」という強制の意味が生まれます。I made him go there. なら、「私は（嫌がる）彼を（強制的に）そこに行かせた」となります。

ただし、強制の意味を持つのは、主語が人の場合で、モノや事柄が主語になる時は、必ずしも強制を表しません。例えば、The medicine made me feel better. の直訳は「その薬は私を元気にさせた」で、自然にそういう状態を作り出すことを意味します。このような場合は強制の意味はなく、「その薬を飲んだら（自然に）元気になった」ことを表しています。

▶ force は名詞で「暴力、軍隊」の意味です。make よりも強制力が強く、目的を成就することや抵抗を抑えるために、ある種の物理的な力が働いていることに焦点が当てられ、モノや人をある方向や場所に無理やり「押し込む」という意味もあります。

語根の fort はラテン語で「強い」という意味の fortis に由来します。forte は音楽用語で「強音」ですが、fort（要塞）、fortify（強化する）、effort（努力）、comfort（快適な）、comfortable（快適な）なども同語源です。

▶ compel は「com（共に）+pel（駆り立てる、打つ）」が語源です。強制力は force よりもやや弱く、改まった場面で使われることが多い語で、目上の者が目下の者に権力を行使することを含意します。名詞形の compulsion は「強制、衝動」、形容詞形の compulsory は「強制的な」です。compulsory education なら「義務教育」です。

語根の pel はラテン語の pellere に由来し、「脈拍」の

pulse と同語源です。このほか expel は「ex（外に）+pel（駆り立てる）」から「追放する」、appeal は「a(p)（～の方へ）+peal（駆り立てる）から「訴え（る）」、impulse は「im（中に）+pulse（駆り立てる）」から「衝撃」などの意味になります。

▶ oblige は「ob（向かって、近くに）+ lige（つなぐ、結びつける）」が語源です。行為者と行為の対象となる人が結ばれていることから「義務」を暗示させます。状況や社会的な責任などで義務付けられるニュアンスで、他の類義語が本人の意思に反しているのに対して、oblige は<u>本人が納得したうえでさせることに焦点</u>が当てられます。したがって、上記の単語の中では oblige が最も強制力が弱いことになります。名詞形の **obligation** は「義務、恩義」、形容詞形の **obligatory** は「義務的な」で、**an obligatory subject** なら「必修科目」です。

◆ make 【動】（無理やり）～させる
例）What's making you laugh?
（なぜ笑っているのですか？）
◆ force 【動】～を強制する 【名】暴力、軍隊
例）The refugee was forced to leave the country.
（難民はその国から強制退去させられた）
◆ compel 【動】（無理やり）～させる
例）A sudden illness compelled me to cancel the picnic.
（突然の病気でピクニックを中止せざるを得なかった）
◆ oblige 【動】～に余儀なくさせる、（義務的に）～させる
例）The law obliges us to send our children to school.
（法律では私たちは子どもを学校に通わせなければならない）

Q1
What (made / compelled) you decide to study abroad?

どうして留学を決意したのですか。

Q2
We are (made / obliged) to stop our cars at a red light.

私たちは赤信号では車を止めなければならない。

Q3
The man (compelled / forced) the door open.

その男はドアをこじ開けた。

Q4
Bad weather (compelled / made) us to stay home.

悪天候で私たちは家にいなければならなかった。

Q5
I (forced / made) my way through the crowd.

私は群衆を押し分けて進んだ。

答え

1 made
　make O+~（動詞の原形）の形で「O に~させる」。
2 obliged
　法律でしなければならないことは oblige。
3 forced
　ドアを力づくで開けるには force を使う。
4 compelled
　compel 人 to do~ で「人に~することを強制する」。
5 forced
　群衆に物理的な力を加えて進むのは
　force one's way through ~ で表す。

許す

- pardon
- excuse
- forgive
- overlook

pardon

公式に許す⇒恩赦する

forgive

罪を許す

excuse

ちょっとした失礼を許す

overlook

失敗に目をつぶる
⇒大目に見る

▶ **pardon** は「par = per（完全に）＋ don（与える）」が語源です。相手にすべてを与えることが原義です。格式ばった語で、主に罰する権限のある者が人の罪を公式に許す、つまり、「恩赦する」ことです。日常会話では主に目上の人が目下の人に対して、礼を欠いた行為や失敗を許す意味でも使うことができます。名詞形は「許し、恩赦」です。会話で語尾を上げて、I beg your pardon? と発音すれば「もう一度おっしゃってください」、語尾を下げて I beg your pardon. と発音すれば「ごめんなさい」の意味になります。語根の don はラテン語の donare に由来します。臓器や血液の「提供者」は donor（ドナー）で、donate（寄付する）や donation（寄付）が派生語です。endow は「en（中に）＋ dow（与える）」から「授与する」の意味です。dose は「1回分の服用量」のこと。Pandora（パンドラ）は、ギリシャ神話で全知全能の神 Zeus（ゼウス）が地上に初めて送った女性のことですが、語源は「pan（全て）の贈り物を与えられた dora（女性）を意味します。Pandora's box（パンドラの箱）を使った表現に、open (a) Pandora's box（意図せずに災いを招く）があります。

　▶ **forgive** は人の罪を許すことで、語源的には pardon と同じ「for = per（完全に）＋ give（与える）」です。pardon が公式に許すのに対して、forgive は、同情の気持ちから個人が相手に面と向かって許すことに焦点が当てられます。「ごめんなさい」と謝った相手に対して、It's OK. You're forgiven. なら「わかった、許してあげるよ」の意味です。また、Forgive me, but ...（失礼ですが...）は、改まった場面で、相手に対する苛立ちや不賛成などの気持ちを伝える表現です。

　▶ **excuse** は「ex（外へ）＋ cuse（訴訟）」が語源です。訴訟から離れることから「罪を免除する」のが原義です。わずかな過ちやエチケットに反するような失礼な行為などを大目

に見て許すことです。また、He excused himself for being late.（彼は遅刻の言い訳をした）のように、**excuse oneself for** の形で「〜の言い訳をする」や「〜の弁解をする」の意味で使われます。名詞形は「イクスキュース」と発音しますが、「言い訳、弁解」の意味です。Excuse me. は「失礼ですが」とか「すみませんが」の意味で会話では頻繁に使われますが、Excuse me? とイントネーションを上げることで、相手が言ったことを聞き取れなった時に「すみませんがもう一度おっしゃってください」の意味で使うこともできます。

　⦿ **overlook** は「over（上から）+ look（見る）」が語源です。「見下ろす」が第一義で、そこから「うっかり見落とす」の意味が生まれ、さらに、誤りや過失を「大目に見る」という意味に発展しました。非難に値するようなことに目をつぶって無言で許すことです。

◆ pardon 【動】〜を恩赦する、〜を許す
例）Many political prisoners were pardoned.
（多くの政治犯が恩赦された）

◆ forgive 【動】（人や罪）を許す
例）I'll never forgive you.
（あなたのことは絶対に許しません）

◆ excuse 【動】（人や行為）を許す　【名】言い訳、弁解
例）Excuse me for asking you so many times.
（何度も質問してすみません）

◆ overlook 【動】（誤りや過失）を大目に見る・目をつぶる
例）I'll overlook your rude behavior this time.
（今回はあなたの無礼な行動に目をつぶりましょう）

Q1

The thief was (excused / pardoned) by the governor.

その泥棒は知事によって恩赦された。

Q2

"Would you like a beer?" "(Forgive / Excuse) me?"

「ビールはいかがですか」「すみません、何とおっしゃいましたか」

Q3

The mother (forgave / overlooked) her son's bad behavior.

母親は息子の行儀の悪さに目をつぶった。

Q4

(Excuse / Forgive) me, but can you tell me how to get to the station?

失礼ですが、駅までの道を教えていただけますか。

Q5

"I'm sorry I'm late." "OK, you're (overlooked / forgiven)."

「遅れてすみません」「いいよ、許してあげるよ」

答え

1 pardoned
「恩赦する」のは pardon。

2 Excuse
相手の言ったことが聞き取れなかった時に、
「もう一度おっしゃってください」は Excuse me.。

3 overlooked
行儀の悪さに目をつぶる・大目に見るのは overlook。

4 Excuse
Excuse me, (but) ... (失礼ですが、すみませんが) は、相手に
ものを頼む時の丁寧な表現。Forgive me, but... は、相手に対
する苛立ちや不賛成などの気持ちを伝える表現。

5 forgiven
「許すよ」「許してあげる」の決まり文句は You're forgiven.

断る

- ● refuse
- ● decline
- ● reject
- ● repudiate

refuse

相手に注ぎ返す
⇒要求や招待を断る

reject

相手に投げ返す
⇒きっぱりと拒絶する

decline

下に傾ける
⇒丁重に断る

repudiate

相手に蹴り返す
⇒公然と拒否する

⏵ refuse は「re（元へ）＋ fuse（注ぐ）」が語源で、相手に注ぎ返すことが原義です。提案・申し出・要求・招待などを「断る」という意味では最も一般的な語です。断る気持ちが強固なことや、時にぶっきらぼうに断ることを暗示します。名詞形は refusal「拒否、拒絶」です。語根の fuse はラテン語の fundere（注ぐ）に由来し、confuse は「con（共に）＋ fuse（注ぐ）」から「混乱させる」に、diffuse は「di(f)（離れて）＋ fuse（注ぐ）」から「広める、発散する」、profuse は「pro（前に）＋ fuse（注ぐ）」から「豊富な」などの意味になります。

　⏵ reject は「re（元に）＋ ject（投げる）」が語源で、差し出されたものを投げ返すことが原義です。refuse よりも強い口調で、差し出されたものに価値がなく、役に立たないものと判断したうえで、きっぱりと拒絶することです。時に敵意を表すこともあります。語根の ject はラテン語の icere（投げる）に由来し、project は「pro（前に）＋ ject（投げる）」から「計画（する）」に、subject は「sub（下に）＋ ject（投げる）」から「服従している、話題、学科」となります。また、object は「ob（向かって）＋ ject（投げる）」から「反対する、対象、目的」に、eject は「e（外に）＋ ject（投げる）」から「取り出す、追い出す」などに意味になります。

　⏵ decline は「de（下に）＋ cline（傾く）」が語源で、差し出されたものを下に傾けることが原義です。例えば、電車で席を譲られたお年寄りが断るように、refuse に比べて「丁重にお断りする」ことです。イベントの招待状などに対して使われることが多いようです。語根の cline はラテン語の clinare（傾く）に由来し、recline は「re（後ろに）＋ cline（傾く）」から「傾く」に、incline は「in（中に）＋ cline（傾く）」

で気持ちが中に傾くことから「気が向く、傾向がある」などの意味になります。そのほか、赤道から両極への地面の傾きから climate（天候）、患者のためにベッドが傾けられたことから clinic（診療所）、忠告に耳を傾ける人から client は（依頼人、顧客）などの単語も同語源です。

▶ repudiate は「re（元に）+pud = ped（足）+ ate（動詞語尾）」が語源で、蹴り返すことが原義です。受け入れたり、認めたりすることを公然と拒絶・拒否することで、かつては「妻と縁を切る」という意味で使われていました。元々持っていたモノや事柄を捨てることを暗示します。

◆ refuse 【動】〜を断る
例）He flatly refused my offer.
（彼を私の申し出をきっぱりと拒否した）
◆ reject 【動】〜を拒絶する
例）The Supreme Court rejected the appeal.
（最高裁はその訴えを退けた）
◆ decline 【動】〜を（丁重に）断る、低下する
【名】減少、衰え
例）He politely declined her invitation to the party.
（彼は彼女からのパーティーへの招待を丁重に断った）
◆ repudiate 【動】〜を拒否（拒絶）する
例）The woman repudiated an offer of marriage.
（その女性は結婚の申し出を拒絶した）

Q1

I thanked her for the offer , but I politely (rejected / declined).

彼女の申し出は有り難く思ったが丁重にお断りしました。

Q2

He flatly (rejected / declined) the offer.

彼はきっぱりとその申し出を拒否した。

Q3

Of course, you can (refuse / reject) the invitation.

もちろん、その招待を断ることはできます。

Q4

He publicly (declined / repudiated) the goverment's policies.

彼は政府の政策を公然と拒否した。

Q5

They (refused / rejected) the idea as useless.

彼らはその考えが役に立たないものとして拒否した。

答え

1　declined
「丁重にお断りする」のは decline。
2　rejected
「きっぱりと拒否する」のは reject。
3　refuse
reject は、差し出されたものに価値がなく、役に立たないものと判断したうえで、きっぱりと拒絶するので、refuse を選ぶ。
4　repudiated
「公然と拒否する」のは repudiate。
5　rejected
差し出されたものに価値がなく、役に立たないものと判断したうえで、きっぱりと拒絶するのは reject。

行為や動作の
単語選び

Chapter

6

描く

- ◉ draw
- ◉ describe
- ◉ depict
- ◉ portray

draw

線を引いて描く

describe

円や曲線を描く

depict

絵などで描写する

portray

人物像を描写する

▶ **draw** の語源は古英語の dragan（引く、線を引く）です。本来の意味は「引く」ことで、安定した速度でゆっくりとすべるように引きながら動かすことです。また「描く」という意味では、主に鉛筆やペンを使って、絵を描いたり、線で書くことです。「地図を描く」は **draw a map** で、Will you draw me a map to show me the way to the station?（駅に行く道を示す地図を描いてくれますか?）のように使うこともできます。draw と同じ語源の語に drag（引く）があります。こちらは「引きずる」感じで、対象となるものと地面との間に摩擦が生じることを暗示させます。また、同語源の draft は「草稿・下書き」のほかに、「樽（たる）出し」の意味があり、draft beer は「生ビール」のことです。

　▶ **describe** は「説明する」の項（p.72）で取り上げましたが、語源は「de（下に）＋ scribe（書く）」です。人やモノの「特徴を描く」ことで、動きながら円や曲線などを描くことを表します。

　語根の scribe はラテン語で「書く」という意味で、prescribe は「pre（前に）＋ scribe（書く）」で、医者が事前に書くことから「処方する」となります。「処方せん・処方薬」は prescription です。subscribe は「sub（下に）＋ scribe（書く）」で、文書の下に名前を書くことから「定期購読をする」です。「定期購読」が subscription です。このほか、manuscript は「manu（手）＋ script（書かれたもの）」⇒「原稿」、postscript は「post（後で）＋ script（書かれたもの）」⇒「追伸」です。Scripture は「聖書」のこと。scribble は「scribe（書く）＋ ble（繰り返し）」から「走り書き（する）」などの意味になります。

　▶ **depict** の語源は「de（下に）＋ pict（描く）」で、絵画・彫刻・言葉などを用いて「描く」ことを表します。

　語根の pict はラテン語で「塗る」という意味の pingere に

由来します。同じ語根を持つ単語に、paint（絵具で描く・ペンキを塗る）、picture（絵・描写する）、picturesque（絵のように美しい）、pictorial（絵で表した）、pictogram / pictograph（象形文字・絵文字）のなどがあります。英国のパブで a pint of beer（1パイントのビール）を注文すれば、約 550 ミリリットルのビールが出てきますが、この pint とはコップに絵具で印をつけたことに由来します。

⊙ **portray** の語源は「por = pro（前に）＋ tray（引く）」で、「線を引いて前に出した」が原義で、絵画や写真で「描写する・表現する」ことです。名詞形が **portrait**（肖像画）です。語根の tray はラテン語で「引く」という意味の traire に由来し、train（〈車両を引く〉列車）、trailer（〈他の車に引かれる〉トレーラー」、trace（〈図面を〉トレースする）なども同じ語根を持ちます。食品の「トレーサビリティー (traceability)」とは「跡をたどることができる」ことです。

◆ draw 【動】〜を引く、〜を描く
例）Draw a circle 5 centimeters in diameter.
（直径5センチの円を描きなさい）

◆ describe 【動】〜の特徴を述べる、〜を描写する、（円や曲線）を描く
例）The jet stream described a huge arc in the sky.
（ジェット気流が空に巨大な弧を描いた）

◆ depict 【動】（絵画・彫刻・言葉で）〜を描写する、〜を描く
例）He is depicted as a hero in the story.
（彼はその物語では英雄として描かれている）

◆ portray 【動】（絵画・写真で）描写する・表現する
例）The picture portrayed him as a young man.
（その絵は彼を若者として描いている）

Q1
His paintings (draw / depict) the lives of rural people.

彼の絵画には田舎の人たちの生活が描かれている。

Q2
His hand (portrayed / described) a circle in the air.

彼は手で空中に円を描いた。

Q3
She is (drawn / portrayed) as a promising model in the story.

彼女はその物語で前途有望なモデルとして描かれている。

Q4
(Draw / Describe) a line with a ruler.

定規で線を引きなさい。

Q5
He is (described / depicted) as a hero in the movie.

彼はその映画の中で英雄として描かれている。

答え

1 depict
絵画で描写するのは depict。
2 described
円や曲線を描くのは describe。
3 portrayed
物語の中で描かれるのは portray。
4 Draw
線を引く、線で描くのは draw。
5 depicted
映画の中で描かれるのは depict。

保存する

- preserve
- conserve
- maintain
- save

preserve

良い状態を保つ

conserve

現状を保つ

maintain

手入れして保つ
（メンテナンス）

save

新たなものを
加えながら保つ

▶ **preserve** の語源は「pre（前に） + serve（保つ、守る）」で、現在持っている良い状態を将来に向けて維持していくことに重点が置かれます。名詞形は **preservation**（保存・保護）で、**the preservation of forests** なら「森林保護」です。この表現は、森林がまだ良い状態であることを示唆しています。対象になるものが一度損なわれると、それに代わるものを見つけることが不可能であるという含みがあります。食品を「保存する」という意味もあります。

▶ **conserve** は「con（完全に） + serve（保つ）」が語源で、すでに持っている価値あるものを賢明に使うことで、悪化している状態を、それ以上進行させないことに焦点があります。動植物・森林・エネルギー資源などのように、一度失ったり使い切ってしまうと、それに代わるものを見つけることが困難であることを暗示させます。名詞形は **conservation**（保存・保護）で、**the conservation of nature**（自然保護）、**the conservation of energy**（エネルギーの保存）のように使います。対象が、水・エネルギー・資源の場合は、浪費を防ぐことに重点が置かれるので、「節約する」という意味でも使われます。

語根の serve はラテン語で「保つ・守る」という意味の servare に由来し、conservative は「conserve（保存する） + tive（形容詞語尾）」から「現状を維持する」⇒「保守的な」となります。reserve は「re（後ろに） + serve（保つ）」から、後ろに「取っておく」や「予約する」に、observe は「ob（〜を） + serve（守る）」から「前を見守る」こと⇒「観察する」となり、法律を「守る」の意味もあります。名詞形の observation（観察）は法律や規則の「順守」、observatory は「観測所」です。

▶ **maintain** の語源は「main（手で） + tain（保つ）」です。浪費することがないように慎重に使うことに関してはconserve

と同じですが、<u>毎日コツコツと手入れをするだけで、元の状態に戻すことができることに重点</u>が置かれます。名詞形は **maintenance** で、**the maintenance in the building** なら「ビルのメンテナンス」、つまり「ビル管理」です。このように、対象になるものは常に貴重なものとは限りません。語源の tain（保つ）については次の「含む、入っている」の項（p.212）で取り上げます。

▶ **save** は、**save one's life**「人の命を救う」からわかるように、失ってしまうと、それに代わるものがないことや緊急性を含んだ語です。現時点で持っているものに使う conserve、現状維持に焦点がある maintain に対して、save は、**save money**（お金を貯める）のように、<u>現在持っているものに新たなものを加えていく点</u>で異なります。

◆ preserve 【動】～を保存する、～を保護する
例）I hope this house will be preserved for the next generation.
（この家は次の世代の人たちに保存されることを望みます）
◆ conserve 【動】～を保存する、～を保護する、～を節約する
例）We have to conserve water.
（水を節約しなければならない）
◆ maintain 【動】～を維持する、～を整備する
例）How much does it cost to maintain this castle?
（この城を管理するのにいくらかかりますか？）
◆ save 【動】～を節約する、～取っておく、～を救う
例）How do you save water at home?
（家庭でそのように水を節約していますか？）

Q1
This old castle is well (conserved / maintained).

この古い城は手入れがよく行き届いている。

Q2
You need to (preserve / save) water and electricity.

水と電気を節約することが必要だ。

Q3
This tower is designed to (conserve / preserve) energy.

このタワーはエネルギーを節約できるように設計されている。

Q4
You can (conserve / preserve) meat or fish in salt.

塩に漬けて肉や魚を保存できる。

Q5
Good traditions should be (conserved / preserved).

良き伝統は保存されるべきだ。

答え

1 maintained
   良い状態に維持されている、
   手入れが行き届いているのは maintain。
2 save
   水や電気の節約は save か conserve。
3 conserve
   エネルギーの節約は conserve か save。
4 preserve
   食べ物の保存は preserve。
5 preserved
   良き伝統をそのままの形で保存するのは preserve。

含む、入っている

- contain
- include
- involve
- comprise

contain

中に入っている
⇒成分を含む

include

中に閉じる
⇒追加要素として含む

involve

中に巻き込む
⇒伴う

comprise

つかんで含む
⇒構成する

▶ contain は「con（共に）+ tain（保つ）」が語源です。内容・中身の全部または一部として「〜を含む」「中に〜が入っている」の意味です。例えば、**The box contains a lot of fruit.**（箱の中にたくさんの果物が入っている）や、**The box contains apples and oranges.**（箱の中に複数のリンゴとオレンジが入っている）といった具合です。要は、<u>対象となるモノを一定の枠の中に留めておく</u>のが contain の中心義です。

　語根の tain はラテン語で「保つ」という意味の tenere に由来します。前回取り上げた、maintain は「main（手で）+ tain（保つ）」から、手を入れて「管理する・維持する」となります。また、sustain は「sus（下で）+ tain（保つ）」から「支えにする・維持する」、retain は「re（後ろで）+ tain（保つ）」から、「保存する」や「維持する」、continue は「con（共に）+ tin（保つ）」から「続ける」、continent は「con（共に）+ tin（保つ）+ ent（名詞語尾）」から、「陸続きになった大陸」などの意味になります。

　▶ include は「in（中に）+ clude（閉じる）」が語源です。<u>全体を構成する一部として「含む」、または追加要素の一つとして含んでいる</u>ことです。例えば、**The box contains a lot of fruits, including apples and oranges.**（その箱の中にはリンゴやオレンジを含めて多くの果物が入っています）では、箱全体を構成するのが多くのフルーツで、追加要素として、リンゴとオレンジを含んでいるということです。**The lunch is 1,000 yen, including dessert and a drink.**（ランチはデザートとドリンクを含めて千円です）は、特に必要と思われる要素に言及して相手の注意を引き付ける効果があります。

　語根の clude はラテン語で「閉じる」の claudere に由来し、exclude は「ex（外に）+ clude（閉じる）」で、「締め出す」こ

とから「除外する」、conclude は「con（完全に）+ clude（閉じる）」で、「終える」「結論を出す」、disclose は「dis（〜でない）+ close（閉じる）」から、閉じないで「暴露する」、enclose は「en（中に）+ close（閉じる）」で、「同封する」の意味になります。

▶ involve は「in（中に）+ volve（巻く）」が語源で、「中に巻き込む」ことが原義で、**Marriage involves compromise.**「結婚には妥協がつきものです」のように、主語になるモノに必ず含まれるモノが対象になります。involve の主語は直接手に触れることができないモノになります。語根の volve はラテン語で「巻く」「回転する」の volvere に由来し、evolve は「e（外に）+ volve（回転する）」から「進化する」、revolve は「re（再び）+ volve（回転する）」から「回転する」などの意味になります。

▶ comprise は「com（完全に）+ prise（つかむ）」が語源で、**The project team comprises 10 experts.**「そのプロジェクトチームは 10 人の専門家から成る」のように、対象となるモノが主語になるモノのすべてを含んでいること、つまり「構成する」ことです。

◆ contain 【動】〜を含む
例）Oranges contain a lot of vitamin C.
（オレンジにはたくさんのビタミン C が含まれている）
◆ include 【動】〜を含む
例）The charge includes breakfast.（料金は朝食込みです）
◆ involve 【動】〜を必ず含む、〜を伴う
例）My job involves a lot of travel.
（私の仕事はたくさんの出張が伴う）
◆ comprise 【動】〜を含む、〜からなる
例）This committee comprises 20 members.
（この委員会は 20 人からなる）

Q1
This university (includes / comprises) 13 departments.

この大学は 13 学部からなる。

Q2
He has many pets, (including / containing) two cats.

彼は 2 匹のネコを含む多くのペットを飼っている。

Q3
This drink doesn't (include / contain) any alcohol.

この飲み物にはアルコールは全く含まれていない。

Q4
Writing a book (contains / involves) a lot of planning.

本を書くにはたくさん計画を立てることが必要だ。

Q5
The passengers (contained / included) more than 20 Japanese.

乗客の中には 20 人以上の日本人が含まれていた。

答え

1 comprises
大学を構成する学部が全部で 13 あること、
つまり、「～からなる」のは comprise。
2 including
全体を構成する一部または追加要素として含むのは include。
3 contain
中身の全部または一部として
「中に～が入っている」のは contain。
4 involves
本を書くことに計画を立てることは必ず含まれるのは involve。
主語は直接手に触れることができないものになる。
5 included
全体を構成する一部または追加要素として含むのは include。

変える

- ⊚ change
- ⊚ remodel
- ⊚ alter
- ⊚ reform

change

全体を変える、
着替える、乗り換える

alter

一部を変える
⇒サイズを変更する

remodel

型を変える
⇒改造する

reform

組織や制度（形）を変える
⇒改革する

▶ **change** は、同一のモノ・事柄・人が時と場所によって、変化の大小にかかわりなく、外観・内容・素材などを変えることで、「変える・変わる」という意味では最も一般的な語です。

▶ **alter** は、外観・内容・素材などの一部を変えることで、主に服を着やすいようにサイズなどを変えたり、部屋の一部を模様替えしたり改築することなどに使います。

ラテン語で「変える」の意味の alterare に由来しますが、さらに、印欧祖語で、「別の」とか「～を超えた」という意味の al にさかのぼることができます。現代英語の other（別の、他の）、else（その他に）、elder（年上の）なども同じ語源です。alien は「al（別の）＋ en（人）」から「宇宙人・外国人」の意味で、動詞の alienate は「疎外する」です。alibi は犯行当時に別の場所にいたことを証明する「アリバイ」の意味です。このほか、alias（偽名・別名）、alternate（交替の・交互にする）、alternative（代わりの・選択肢）の意味です。さらに、altercation は互いに言い合うことから「口論」となります。上記の単語に共通する al はラテン語経由で ultra に変化し、ultraviolet（紫外線の）、ultrasound（超音波）などの単語になりました。ultimate なら、度を超すことから「究極の」です。

▶ **remodel** は「re（再び）＋ mode（型）」が語源です。型を変えることから、人・建物・服などを物理的に変化させるたけでなく、小説や政策などを「作り変える」ことも表します。語根の model はイタリア語で「型」や「尺度」を意味する modello に由来します。mode は「尺度」から「方法」、modern は今を尺度にすることから「現代の・最新式の」、modest は尺度に当てはまったことから「適度の・控えめな」となります。同様に、moderate なら「適度の・穏やかな」、

modify は尺度に合わせて「修正する」などの意味になります。

⯁ **reform** は「re (再び) + form (形)」が語源です。主に制度や組織などの体制を変えたり、人を改めさせる意味で使います。reform the education system (教育制度を改革する) や、education reform (教育改革) のように使います。部屋を「リフォームする」は (×) reform the roomではなく、remodel the room が正しい言い方。スーツを「リフォームする」のも、have the suit altered / remodeled です。

語根の form はラテン語で「形作る」の意味。formal (形式ばった) や、型にはまった formula (公式) のほか、「con (共に) + form (形)」で conform は、相手に形を合わせることから「従う・一致する」、「de (離れて) +form (形)」で deform は、形を崩すことから「変形させる」です。

◆ change 【動】〜を変える・変わる
例) You have changed a lot. (ずいぶん変わったね)
◆ alter 【動】〜 (の一部) を変える・(衣服) を直す・変わる
例) Can you alter these pants?
(このズボンを直してくれますか?)
◆ remodel 【動】〜を改造する・(の形) を変える
例) I'm planning to remodel the kitchen.
(キッチンの改築を計画しています)
◆ reform 【動】〜を改革する・改善する、改心させる (する)
【名】改革
例) The government reformed the election law.
(政府は選挙法を改正した)

Q1
(Change / Alter) trains at the next stop.

次の駅で乗り換えてください。

Q2
The current education system should be (reformed / remodeled).

現在の教育制度は改革されるできである。

Q3
The dormitory was (reformed / remodeled) into a share house.

その寮はシェアハウスに改築された。

Q4
I had my suit (reformed / altered).

スーツを直してもらった。

Q5
It seems that he has completely (changed / reformed).

彼はすっかり改心しているようです。

答え

1　Change
change trains で「列車を乗り換える」の意味。
2　reformed
組織や制度の体制を変えるのは reform。
3　remodeled
建物の改築・改造は remodel。
4　altered
服を着やすいようにサイズなどを変えるのは alter。
5　reformed
人を改めさせたり、人が心を改めるのは reform。

捕まえる

- ◉ catch
- ◉ capture
- ◉ arrest
- ◉ apprehend

catch

追いかけてつかまえる

capture

つかんで捕らえる、
占領する

arrest

逮捕して身柄を拘束する

apprehend

容疑者を逮捕する
（arrest の改まった語）

▶ catch は印欧祖語で「つかむ」という意味の kap に由来し、「追跡する」という意味の **chase** と同じ語源です。空中に飛んでいるモノを捕まえるのが基本で、逃げようとしているモノや相手に正体を知られたくないと思っているモノに対して、巧妙な罠（わな）をしかけて「不意につかむ」ことを暗示させます。**The cat catches mice.**（ネコはネズミを捕まえる）や **catch the last train**（最終列車に間に合う）のように積極的につかむイメージと、**I caught him shoplifting.**（彼が万引きをしているのを見つけた）や、**I caught the flu from Tom.**（トムから風邪を移された）のように、偶然捕らえる場合にも使えます。

　▶ capture は「つかむ・捕まえる」という意味の中で最も強い語で、武力や戦略を用いて抵抗するモノを「捕まえる」ことです。対象が人や動物なら「捕らえる」、敵の兵士なら「捕虜にする」、敵の都市なら「占領する」などの意味になります。
　capture の語源は catch と同様に印欧祖語で「つかむ」という意味の kap にさかのぼりますが、直接的にはラテン語で「つかむ」という意味の capere に由来します。capacity は「capa（つかむ）＋ ity（名詞語尾）」が語源で、つかむことから「能力・容量」、形容詞形の capable は「cap（つかむ）＋ able（できる）」から「能力のある」となります。captive は「cap（つかむ）＋ ive（形容詞語尾）」から「捕虜になった」、名詞形の captivity は「監禁状態」、動詞の captivate は「心を奪う」などの意味です。

　▶ arrest は「a(r)（〜の方へ）＋ re（後ろに）＋ st（立つ）」が語源で、「後ろに立たせておく」が原義です。捕らえる対象となるモノは人のみで、法律に違反していることや刑務所

に入ることを暗示させます。rest は、後ろに立っている状態
から「休息・残り」の意味になります。

▶ **apprehend** は「ap（～を）+pre（前に）+ hend（つか
む）」が語源で、arrest よりも改まった場面で、公の文書や
警察の報告書などで使われることが多い語です。

語根の hend は印欧祖語で「つかむ」という意味の ghend
に由来し、「手に入れる」の get に発展しました。また、
forget（忘れる）は「for（前に⇒ 離れて）+ get（つかむ）⇒
つかみそこなう」から成ります。

◆ catch 【動】～をつかむ・捕まえる・偶然目撃する
例）Did you catch the 8:30 train?
（8時30分の列車に間に合いましたか?）
◆ capture 【動】～を捕まえる・捕虜にする・占領する
【名】捕虜にすること
例）He was captured and imprisoned.
（彼は捕虜にされ投獄された）
◆ arrest 【動】～を逮捕する、遅らせる 【名】逮捕
例）He was arrested for theft.（彼は窃盗で逮捕された）
◆ apprehend 【動】～を逮捕する
例）The government apprehended and incarcerated the
terrorists.（政府はテロリストたちを逮捕し、投獄した）

Q1

He was (caugh / arrested) for shoplifting.

彼は万引きをして逮捕された。

Q2

He (caught / captured) her smoking.

彼は彼女がタバコを吸っているのを見つけた。

Q3

The city was (caught / captured) after several days of the siege.

その都市は数日間の包囲攻撃後に占領された。

Q4

He was (apprehended / comprehended) for drunk driving.

彼は飲酒運転で逮捕された。

Q5

The police officer (caught / captured) him by the arm.

警察官は彼の腕をつかんだ。

答え

1　arrested
「逮捕する」のは arrest。He was caught shoplifting. なら「彼は万引きをしているところを見られた」の意味。
2　caught
catch 人 ~ing で「人が~しているのを目撃する」の意味。
3　captured
都市や国を「占領する」のは capture。
4　apprehended
「逮捕する」の改まった語は apprehend。
5　caught
catch 人 by the arm で「人の腕をつかむ」の意味。

直す

- ● mend
- ● fix
- ● repair
- ● renovate

mend

つくろう、傷をなおす

repair

再び元の形に戻す
⇒専門的な技術で修理する

fix

固定させる
⇒グラグラしたものを
修理する

renovate

再び新しくする⇒改装する
（リノベーション）

◉ mend は「修理する」の意味ですが、靴下の穴やほころびを繕（つくろ）ったり、本の破れたページをテープでくっつけたりするように、それほど大した技術を必要とせず、素人の手でも十分に対処できる場合に使います。修理対象になるのは物に限らず、傷や骨折などが「治る」という意味でも使うことができます。on the mend という成句は「（体調が）快方に向かって」の意味になります。語源的には法律などを「修正する」という意味の amend の接頭辞の a が消失したものです。amend は「a（外に）+ mend（欠陥）」が語源で、「欠陥をなくす」ことに由来します。amendment は法律の「改正」で、the Amendment なら米国憲法の「修正条項」です。

◉ repair は「re（再び）+ pair（用意する）」が語源で、再び元の形になるようにすることが原義です。簡単で小規模なものに使う mend に対して、repair はテレビや自動車の修理のように、構造が複雑で特別な技術を必要とする物や、道路のような大規模な修繕に使われ、壊れたものを完全な形に戻すことに重点が置かれます。

語根の pair はラテン語で「用意する」という意味の parare に由来します。prepare は「pre（前に）+ pare（用意する）」から「準備する」。名詞形は preparation（準備）です。

◉ fix は物をしかるべき所にしっかりと固定させるという原義から転じて、物を修理するという意味が生まれました。repair よりもくだけた場面で使われます。

◉ renovate は「re（再び）+ nov（新しい）+ ate（動詞語尾）」が語源です。「再び新しくする」ことです。古い建物や家具のほか、由緒ある歴史的建築物の修繕にも使えます。

名詞形は **renovation**（改装）。

　語根の nov はラテン語で「新しい」という意味の novus に由来し、new（新しい）と同じです。renew は「re（再び）＋ new（新しい）」から「更新する」、renewable は「renew（更新する）＋ able（できる）」から「更新できる」、renewal は「renew（更新する）＋ al（名詞語尾）」から「更新」となります。innovate は「in（中に）＋ nov（新しい）＋ ate（動詞語尾）」で、新しい物の中に入ることから「刷新する」となり、名詞形は innovation（刷新）です。

◆ mend 【動】〜を繕う・直す・治る
例）Can you mend the hole in my sock?
（靴下の穴を繕ってくれますか？）
◆ repair 【動】〜を修理する・修復する 【名】修理
例）I had my car repaired last week.
（先週、車を修理してもらった）
◆ fix 【動】〜を修理する・用意する・固定する
例）Can you fix my watch?
（時計を修理してくれますか？）
◆ renovate 【動】（古い建物や家具など）を修理する・改装する
例）They are renovating the historic hotel.
（その歴史的なホテルが改装されている）

Q1

He bought an old house and (repaired / renovated) it by himself.

彼は古い家を買って一人で改装した。

Q2

Can you (mend / fix) this broken bike?

この壊れた自転車を修理できますか。

Q3

I hope your arm will (mend / repair) quickly.

あなたの腕がすぐに治るといいですね。

Q4

How much did it cost to have the TV (repaired / renovated)?

テレビの修理にいくらかかりましたか。

Q5

He is on the (mend / repair) after the car accident.

彼は自動車事故の後、快方に向かっている。

答え

1 renovated
古い家を改装するのは renovate。

2 fix
mend は誰にでも直せるようなものが対象なので、壊れた自転車の修理は fix で表す。

3 mend
傷や骨折などが治るのは mend で表す。

4 repaired
renovate は古くなったものを修理・改装するので、故障したテレビの修理は repair で表す。

5 mend
on the mend で「快方に向かう」という意味。

守る

- ◎ protect ◎ defend
- ◎ guard ◎ shield

protect

前もって保護する
（プロテクター）

defend

防御する
（ディフェンス）

guard

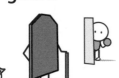

見張る（ガード）

shield

盾になる（シールド）

⏵ **protect** は「pro（前を）＋ tect（覆う）」が語源で、目の前を覆って守ることが原義です。野球で捕手が身に着ける「胸当て」や、ボクサーが頭にかぶる「ヘッドギア」の総称が protector です。身に迫る危険・損害・損失・病気などから事前に手を打って永続的に守ることを含意します。名詞形の **protection** は「保護（するもの）」です。

語根の tect は「覆う」という意味で、detect なら「de（でない）＋ tect（覆う）」から「覆いを取る」となり「見つける・気づく」の意味になります。detector（見つけるもの⇒探知機）や、detective story（犯人を見つける物語⇒推理小説）なども覚えておきましょう。detective だけなら「刑事・探偵」の意味になります。

⏵ **defend** は「de（離れて）＋ fend（たたく、打つ）」が語源で、相手をつついて突き放すことが原義です。現在直面している危険に対して、力づくか、それに代わる手段を用いて守ることに焦点が当てられます。非難や批判に対して、行動や意見の正当性を「擁護する」という意味で使うこともできます。サッカーやホッケーなどの球技で用いられる「守備」は **defense** で、「守備の選手」が **defender** です。

語根の fend はラテン語で「たたく、打つ」という意味の fendere に由来します。侵入を防ぐための「囲い・柵」の fence は defense の de が消失したものです。offend は「o(f)（向かって）＋ fend（たたく、打つ）」から「感情を害する・罪を犯す」という意味になります。名詞形の offense は「攻撃・気持ちを害するもの・罪」などの意味になります。そのほか、剣でつつき合うフェンシング（fencing）も同じ語源です。

⏵ **guard** は「見張る」が語源です。現実の危険だけでな

く将来起こる可能性のある危険に対して、最大限の注意や警戒心を持って守ることを含意します。名詞の **guard** は「警備員・警備隊」、**guardian** は「守護者」、**safeguard** は「safe（安全な）+ guard（見る）」が語源で「保護（する）」の意味です。

► **shield** は名詞で「盾」です。守られるべきモノと迫って来る危険や害の間に入って守ることで、文字通り「盾になる」ことです。「サングラスをかけて目を太陽の紫外線から守る」は、**Sunglasses shield the eyes from ultraviolet rays.** と表現できます。

◆ protect 【動】～を保護する
例）I'll protect you forever.
（一生あなたを守ります。

◆ guard 【動】～を守る、～を見張る、～を警備する
【名】警備員、見張り
例）Many police officers guard the Imperial Palace.
（たくさんの警察官が皇居を警備している）

◆ defend 【動】～を守る、～を防御する、～を弁護する
例）I'm taking karate lessons to defend myself.
（自分を守るために空手の稽古をしています）

◆ shield 【動】～を保護する 【名】盾、防御物
例）He tried to shield the child from the attacking dog.
（彼は襲ってくる犬からその子を守ろうとした）

Q1
The store is (defended / guarded) day and night.

その店は昼夜警備されている。

Q2
The champion (defended / guarded) his title last night.

チャンピオンは昨夜タイトルを防衛した。

Q3
We need to (guard / protect) the animal from extinction.

絶滅からその動物を守ることが必要だ。

Q4
She (defended / shielded) her eyes from the sun.

彼女は日を浴びないように目を覆った。

Q5
They fought to (defend / shield) their territory.

彼らは領土を守るために戦った。

答え

1 guarded
見張りや防犯カメラなどを使って、守るのは guard。
2 defended
敵の攻撃から防御したり、チャンピオンとしての
資格や権利を守るのは defend。
3 protect
動物の絶滅を事前に手を打って守るのは protect。
4 shielded
太陽の光と目の間に手を置いて守るのは shield。
5 defend
領土を敵から守るのは defend。

避ける

- ⦿ avoid
- ⦿ evade
- ⦿ elude
- ⦿ escape

avoid

意図的に避ける

elude

巧妙にすり抜けて逃れる

evade

外へ行く
⇒追跡から逃れる

escape

ケープを脱いで逃げる
⇒無意識のうちに逃れる

⦿ **avoid** は「a = ex(外に) + void(空の)」が語源です。「外に出て空にする」ことが原義で、**I took a detour to avoid the heavy traffic.**（交通渋滞を避けるために遠回りをした）のように、あるものに対して意図的に近寄らないことを表すのが基本です。ただし、無意識または偶然の行為の結果として近づかなかったことを表すこともできます。例えば、**By taking a wrong turn, I unknowingly avoided the heavy traffic.**（道を間違えたことで、知らずに交通渋滞を避けた）といった具合です。名詞形は **avoidance**（回避）で、**tax avoidance** なら「節税」です。

語根の void（空の）は、「虚無感、無効の」の意味。devoid は「de（離れて）+ void（空の）」から「〜がまったくない」の意味になります。

⦿ **elude** は「e（外に）+ lude（戯れる）」が語源です。「ふざけて外に出て近寄らない」のが原義です。術策を用いて巧妙に避けることです。

語根の lude は「戯れる、遊ぶ」のラテン語 ludere に由来します。allude は「a(l)（〜の方へ）+ lude（戯れる）」から「ほのめかす」となります。prelude は「pre（前に）+ lude（戯れる）」で、曲の遊びの部分の「前奏曲」のこと。illusion は「i(l)（上で）+ lus（戯れる）+ ion（名詞語尾）」から「錯覚、幻想」などの意味になります。

⦿ **evade** は「e（外へ）+ vade（行く）」が語源です。elude と同様に、巧妙に敵の追跡などを避けることですが、例えば、脱税のように不正な手口で義務や責任から逃れることに焦点が置かれます。名詞形は **evasion**（回避）で、**tax evasion** なら「脱税」です。

語根の vade は「行く」という意味のラテン語 vadere に由来します。invade は「in（中に）＋ vade（行く）」から「侵入する」です。

　▶ **escape** は「es（外に）＋ cape（ケープ）」が語源です。着ているケープを脱いで逃げることが原義で、avoid と同様に、<u>意図的に近寄らないだけでなく無意識のうちに近づかないこと</u>を表します。避けることによって対象となるものから影響を受けないことを含意します。主に、病気や危険などから「逃れる」場合に使うことが多いです。名詞として使えば、**I had a narrow escape from an accident.**（私はその事故からかろうじて逃れることができた）といった表現が可能です。

◆ avoid 【動】～を避ける、～しないようにする
例）I avoid eating anything sweet these days.
（私は最近、甘いものを食べないようにしています）
◆ elude 【動】～を避ける、～から逃れる
例）The thief managed to elude the police.
（その泥棒は何とか警察の手から逃れた）
◆ evade 【動】～を避ける、～から逃れる
例）It is obvious that he evades taxes.
（彼が脱税をしていることは明らかです）
◆ escape 【動】逃げる、逃れる 【名】逃亡、脱出
例）They escaped from prison through an underground passage.
（彼らは地下の通路を通って刑務所から脱獄した）

Q1

He denied he had (avoided / evaded) taxes.

彼は脱税したことを否定した。

Q2

He insists that he (avoided / evaded) paying taxes.

彼は合法的に税金を税を逃れたと主張している。

Q3

I must (avoid / escape) eating fat as much as possible.

私はできるだけ脂身を食べるのを避けなければならない。

Q4

She narrowly (avoided / escaped) being injured in the accident.

彼女はその事故で危うくケガを逃れた。

Q5

The robber (avoided / eluded) the police by escaping into a cave.

強盗は洞穴に逃げ込んで警察の手から逃れた。

答え

1　evaded
　　「脱税する」は evade taxes。

2　avoided
　　合法的に納税を逃れるのは avoid paying taxes で表す。

3　avoid
　　脂身に意図的に近づかないことを表すのは avoid。

4　escaped
　　ケガや危険から無意識のうちに逃れるのは escape。

5　eluded
　　術策を用いて警察の手から巧妙に逃げるのは elude。

襲う

- ● attack
- ● assault
- ● assail
- ● charge

attack

攻撃的に襲う（アタック）

assail

跳びかかって襲う
⇒しつこく攻撃する、
悩ます

assault

暴行する

charge

突撃する

⏵attack は「敵対行動を取る」ことと「攻撃的な態度を取る」ことが基本です。「攻撃する、襲う」対象となるのは、人・場所・敵軍などですが、主体が病気の場合は「(体を)冒す」という意味になります。「足の親指に痛風の発作を起こした」は、**I was attacked by gout in my big toe.** で、これを名詞で表せば、**I had an attack of gout in my big toe.** となります。攻撃的な態度の場合は、人の意見・思想を痛烈に「非難する」ことになります。

⏵assail は「a(s)(〜の方へ)＋ sail(跳ねる)」が語源です。「相手に跳びつく」ことから、attack よりも激しく繰り返し攻撃することを意味します。襲った時の力というよりも、粘り強くしつこく攻撃することに焦点が当てられます。受動態 (be assailed) の場合は、休みなく質問攻めにされて疲れ果てた感じに「悩まされる」という意味になります。

⏵assault の語源は assail と同じですが、assail よりも激しく体と体がぶつかり合うことを暗示させます。人を暴行したり、人の意見や計画などに対して、激しく非難することを表します。名詞の場合は、「暴行、襲撃、攻撃」の意味ですが、rape の婉曲表現としても使われます。都会で暮らす人々にとっては、道路工事用のドリル、救急車やパトカーのサイレン、車のクラクション、旅客機やヘリコプター騒音などとの共存を余儀なくされます。

悪臭や騒音の場合は、人の鼻(耳)を「襲う」という意味で使うこともできます。

語根の sail と sault は「跳ねる」という意味のラテン語 salire に由来します。insult は「in(上に)＋ sult(跳ねる)」で、上に跳びかかることから「侮辱(する)」、sally は「突撃」、

salient は「sal（跳ねる）＋ ent（形容詞語尾）」から「目立つ」となります。水面から跳ね上がる「サケ」が salmon です。

⊙ charge は「請求する、非難する、支払う、充電する、告発する」など様々な意味を持つ動詞です。「攻撃する」の意味では、敵に対して「突撃する」ことで、そむくことができない絶対的な命令に従って攻撃することです。攻撃の対象になるのは敵軍の基地などの建物に限ります。charge は「車に荷を積む」が語源で、car（車）、carry（運ぶ）、carrier（運送業者、保菌者）、carriage（馬車）、cargo（積み荷）、carpenter（大工）なども同語源です。

◆ attack 【動】〜を襲う、〜を攻撃する
【名】攻撃、襲撃、発作
例）She was attacked from behind by a dog.
（彼女は後ろから犬に襲われた）
◆ assail 【動】〜を攻撃する、〜を悩ます
例）The city was assailed with bombs.
（その都市は激しく爆撃された）
◆ assault 【動】（人）を襲う、〜を暴行する、
（不快な音や臭いが）襲う
例）His body odor assaulted my senses.
（彼の体臭が私の感覚を襲った）
◆ charge 【動】〜に突進する、〜に突撃する
例）He boldly charged the hostile position.
（彼は大胆に敵陣に突撃した）

Q1
A fierce dog (attacked / charged) the girl.

獰猛な犬が少女に襲い掛かった。

Q2
He was charged of (attacking / assaulting) a women.

彼は婦女暴行罪で告発された。

Q3
The army (assaulted / charged) the fort.

軍は要塞に突撃した。

Q4
This disease can (attack / assault) the brain and nervous system.

この疾患は脳と神経組織を冒す可能性がある。

Q5
A strong smell of disinfectant (attacked / assaulted) my nose.

消毒剤の強いにおいが私の鼻を襲った。

答え

1 attacked
動物が人を襲うのは attack。

2 assaulting
性的暴行は assault。

3 charged
敵軍の要塞に突撃するのは charge。

4 attack
病気が人の体を冒すのは attack。

5 assaulted
不快な臭いが人の鼻を襲うのは assault。

くっつく

- ◉ stick
- ◉ cohere
- ◉ adhere
- ◉ cling

stick

はりつく

adhere

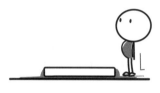

しっかりくっつく

cohere

くっつき合って離れない
⇒結合する、筋が通る

cling

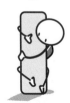

しがみつく

▶ stick は、**stick a stamp on the postcard**（はがきに切手を貼りつける）ように、<u>のりやその他の接着剤を使って、ものとものがくっついたり、くっつける</u>ことを意味します。人が主語になる時は、**They always stick together.**（彼らはいつも一緒にいる）のような表現が可能です。対象が主義・理想・決定など抽象的なものの場合は、それらにしがみついて離れないことから「固執する、守る、続ける、従う」などの意味になります。**He stuck to his ideal / decision.** なら「彼はあくまで理想を追い続けた／決心を守り抜いた）」です。形容詞の **sticky** は「べとべとする」で、天候が **sticky** なら「蒸し暑い」です。

▶ adhere は「ad（〜の方へ）＋ here（くっつく）」が語源です。stick が口語的なのに対して、<u>格式ばった語で、stick よりも、しっかりとくっついた感じ</u>です。自動詞の用法のみで、前置詞の to を取ることが多い。名詞形の **adhesion** は「粘着」、**adherence** は「固執、信奉」の意味です。

▶ cohere は「co（共に）＋here（くっつく）」が語源です。物質を構成する微粒子がくっつき合って離れないことを暗示させる語で、<u>主に論理や方針などが「首尾一貫している」ことや話や論理の「筋が合っている」</u>ことを表します。adhere と同様、自動詞の用法のみです。形容詞の **coherent** は「筋の通った、理路整然とした」で、**cohesive** は「密集した、粘着性のある」です。

語根（単語の根幹を成す、最も重要な部分）の here はラテン語の haerere に由来します。このほか、inherent は「in（中に）＋here（くっつく）＋ent（形容詞語尾）」から「本来備わっている、固有の」という意味になります。

⏵ cling は「群れる」や「固まる」が原義です。のりでくっつけるのではなく、蔦（つる）が巻き付いた木や、体にまとわりつく濡れたシャツ・ぬいぐるみにしがみつく幼児のように、絡み合ったり、ぶら下がったり、つかんだりだりすることでくっつくイメージです。

stick や adhere と同じように、主義や信念に固執することも表しますが、誰かに頼る気持ちや不安な気持ちがあることから軽蔑的なニュアンスのある語で、まさに、「すがりつく」「しがみつく」といった感じです。

◆ stick【動】～を貼りつける、くっつく、
（主義・信念に）従う
例）He is sticking photos in the album.
（彼はアルバムに写真を貼りつけている）

◆ adhere 【動】付着する、（主義・信念に）従う
例）They closely adhered to the rules.
（彼らは規則をしっかりと守った）

◆ cohere 【動】結合する、筋が通る、一致する
例）His statement didn't cohere with his party's policies.
（彼が述べたことは政党の政策と一致していなかった）

◆ cling 【動】すがりつく、しがみつく
例）The leader still continued to cling to power.
（その指導者はそれでも権力にしがみついた）

Q1
His account of the accident (adhered / cohered) with hers.

その事故に関する説明は彼女の説明と一致しない。

Q2
The particles of wet flour (adhered / cohered) to form a paste.

湿った小麦粉の小さな粒が結合してペースト状になった。

Q3
Wet clothes (adhere / cohere) to the skin.

湿った服は肌にくっつく。

Q4
Always (cling / stick) to your principles.

いつも自分の信念に従いなさい。

Q5
It seems he is still (clinging / sticking) to power.

彼はまだ権力にしがみついているようだ。

答え

1　cohered
　　「〜に一致する」のは cohere with 〜。
2　cohered
　　粒がかたまって結合するのは cohere。
3　adhere
　　「〜にくっつく」は adhere to 〜。
4　stick
　　信念に従うのは stick to。
5　clinging
　　権力にしがみつくのは cling to〜。

刺す

- pierce
- prick
- stab
- penetrate

pierce

突き通す（ピアス）

prick

チクリと刺す

stab

突き刺す

penetrate

入り込む

▶ pierce は接頭辞で「〜を通して」という意味の per に由来し、あるものに対して、一方の面から穴をあけて薄い層を通して反対側まで通すこと、つまり、「突き通す」ことです。ピアスをつけるために耳たぶに穴をあけるように、先のとがった針や槍などの道具で貫通させることを含意します。なお、「ピアス」は和製英語で、正しくは、**pierced earrings** と言います。突き通したり、突き通されるのは目に見えるものだけでなく、光や音や空気でも構いません。例えば、**The light pierced the darkness.**（光が暗闇を突き破った）や **A girl's scream pierced the air.**（少女の叫び声があたりの空気を破った）のような表現が可能です。

　▶ prick は、「点で印をつける」ことが語源です。体にできたマメを針で刺してつぶしたり、風船に針を刺して割るように、軽く先のとがった道具でサッと刺す感じです。単に穴をあけるだけのことに限らず、貫通させる場合にも使えます。派生語の **prickle** は「prick（刺す）+ le（小さいもの）」から「（植物の）トゲ」や「（動物の）針」を意味し、動詞なら「ちくちく痛む」です。

　▶ stab は「木の切り株」や「杭」が語源です。針のように小さい道具ではなく、剣やナイフなど刃がついたもので突き刺すことです。pierce とは異なり貫通させることはありません。差し込むような「激痛」が **a stabbing pain** です。

　▶ penetrate はローマ神話に登場する「家庭の守護神」である Penates（ペナテス）から生まれた語です。ペナテスの名前は神殿の一番奥にある「食糧庫 (penus)」に由来します。奥まで突き通すことで必ずしも貫通させる必要はなく、突き刺

す道具も関係ありません。

　The bullet penetrated his chest.（弾丸が彼の胸を突き刺した）という文からは、弾丸が貫通したかどうかは不明ですが、貫通していなかったとしても、深い所まで弾丸が達したことを暗示しています。突き通す対象がモノではなく、**Our company has penetrated the Chinese market.** のように「市場に進出する」の意味でも使えます。困難や障害を克服しながらうまく入り込むことを暗示させます。

◆ pierce 【動】〜を突き通す、〜を突き刺す
例）He had his nose pierced.
（彼は鼻にピアスの穴を空けてもらった）
◆ prick 【動】〜を（チクリと）刺す
例）Be careful not to prick your finger with a needle.
（針で指を刺さないように気をつけなさい）
◆ stab 【動】〜を刺す、〜を突き刺す
例）The robber stabbed him in the stomach with a knife.
（強盗は彼のお腹をナイフで刺した）
◆ penetrate 【動】〜を貫く、〜に入り込む
例）The soldiers will penetrate the building and save the hostages.
（警察官はビルに入り込み人質を救った）

Q1

He used a spear to (prick / pierce) the fish swimming in the river.

彼は川で泳いでいる魚を槍を使って刺した。

Q2

I (stabbed / pricked) my finger on a rose thorn.

私はバラのトゲで指をさしてしまった。

Q3

The robber (pierced / stabbed) him in the back with a knife.

強盗は彼の背中をナイフで刺した。

Q4

The bullet (penetrated / stabbed) the wall.

弾丸は壁を貫いた。

Q5

(Pierce / Prick) the potatoes before cooking them.

調理をする前にジャガイモを串で刺してください。

答え

1　pierce
　槍で魚を貫通させるのは pierce。
2　pricked
　針でチクリと刺すのは prick。
3　stabbed
　ナイフで体の一部を刺すのは stab。
4　penetrated
　弾丸が壁を貫通させたり入り込むのは penetrate。
5　Prick
　ジャガイモを串でチクリと刺すのは prick。

死ぬ

- die
- perish
- expire
- depart

die

死ぬ

expire

息を引き取る

perish

消滅する

depart

この世を去る

▶ die は人や動物などが病気・事故・老齢のために「死ぬ」という意味で最も一般的に使われる動詞です。植物なら「枯れる」です。「死ぬ」という言葉は直接的なので、pass away（亡くなる、息を引き取る）という婉曲表現が好まれます。主語が機械なら「止まる」、音や風なら「弱まる」、感情や表情なら「消える」です。名詞は death で、sudden death なら「突然死」。形容詞は dead ですが、野球で使われる「死球」を意味する dead ball は和製英語で正しくは hit by a pitch です。dead ball は、試合の進行が止めている（インプレーでない）ときのボールことです。

　▶ expire は「ex（外に）＋ (s)pire（息をする）」が語源です。息を吐き出すことから「死ぬ」の意味になります。主語が契約や期限なら「切れる」で、My passport expires next month. =「私のパスポートは来月切れる」。任期や休暇なら「終了する」です。
　語根の spire はラテン語の spirare（息をする）に由来し、inspire は「in（中に）＋ spire（息をする）」から「鼓舞する」となります。conspire は「con（共に）＋ spire（息をする）」から「陰謀を企む」、perspire は「per（通して）＋ spire（息をする）」から「発汗する」です。

　▶ perish は「per（完全に）+ish(= it)（行く）」が語源です。主に事故や災害・戦争などでの死を意味する形式ばった語で、突然で凄惨な死を暗示させます。リンカーン米大統領のゲティスバーグの演説に登場する Government of the people, by the people, for the people, shall not perish from the earth.（人民の人民による人民のための政治は地球から消え去ることがないだろう）は有名な一節です。

語根の ish はラテン語の ire「行く」に由来し、exit は「ex（外に）＋ it（行く）」から「出口」、transit は「trans（越えて）＋ it（行く）」から「通過」、initial は「in（中に）＋ it（行く）＋ ial（形容詞語尾）」から「初めの、頭文字」などの意味になります。

⏵ **depart** は「de（離れて）＋part（分ける）」が語源です。文語的な響きを持ち、現世から離れて別の世界に行くこと、つまり、「この世を去る」ことに焦点があります。語根の part はラテン語の partem「分ける」に由来し、apartment（アパート）、compartment（仕切り客室）、partner（配偶者、パートナー）、particular（特別な）、partition（仕切り）、partial（部分的な）なども同語源です。

◆ die 【動】死ぬ、止まる、弱まる、消える
例）He died in a traffic accident.
（彼は交通事故で死んだ）

◆ expire 【動】息を引き取る、切れる、終了する
例）His father expired without any struggle.
（彼の父親は苦しむことなく息を引き取った）

◆ perish 【動】死ぬ、消滅する
例）Many people perished because of famine.
（たくさんの人々が飢餓で死んだ）

◆ depart 【動】死ぬ、去る
例）He departed in his sleep last night.
（彼は昨夜、睡眠中に亡くなった）

Q1
He believes that democracy does not (die / perish).

民主主義は消滅することはないと信じている。

Q2
He finally (died / departed) from this world.

彼はとうとうこの世を去った。

Q3
The contract (expires / perishes) next month.

その契約は来月終了する。

Q4
These flowers will soon (die / expire).

この花はすぐに枯れそうだ。

Q5
The wind suddenly (died / expired) down.

風は突然静まった。

1 perish
   民主主義が「消滅する」のは perish。
2 departed
   「この世を去る」のは depart。
3 expires
   契約が「切れる、消滅する」のは expire。
4 die
   植物が枯れるのは die。
5 died
   風が弱まるのは die。

消す

- ⊙ erase
- ⊙ eradicate
- ⊙ delete
- ⊙ cancel
- ⊙ obliterate

erase

こすって消す
記憶からぬぐい消す

eradicate

根こそぎ取る
⇒根絶する

delete

削除する
（デリート）

cancel

取り消す
（キャンセル）

obliterate

完全に消す

▶ **erase** は「e（外に）＋ rase（こする、ひっかく）」が語源で「こすり出す」が原義です。紙や黒板などに書かれたものを鉛筆やチョークなどを使って、こすったりぬぐったりして消すことです。「消しゴム」は **eraser**、「黒板消し」は **blackboard eraser** です。その他、記憶・出来事・感情などを、頭から「消し去る」意味でも使われます。語根の rase はラテン語の radere（こする、ひっかく）に由来し、razor（カミソリ）、rat（ネズミ）、rascal（いたずらっ子）なども同じ仲間です。

▶ **eradicate** は「e（外に）＋ radi（根）＋ ate（動詞語尾）」が語源で、根こそぎ取ることが原義です。文字通り、雑草を「根こそぎにする」で、病気や犯罪などを「根絶する」意味でも使われます。「消す」という意味では、特定の化学物質を使ってインクを消すことです。語根の radi はラテン語の radix（根）に由来し、radish（はつか大根）や radical（根本的な）も同じ仲間です。

▶ **delete** は「de（離れて）＋ lete（シミ、汚れ）」から、シミや汚れを取ることが原義です。パソコンの delete key は「削除キー」のことです。印刷物や書いたものから不必要な文字や内容を削除したり、パソコンのファイルやデータなどを削除することです。

▶ **cancel** は「牢獄の格子の窓」が語源で、×印をつけて抹消することに由来します。行事・約束や同意事項などを取り消したり、帳消しにするのが一般的な意味です。「消す」という意味では、印刷物の文字を線を引いて消したり、一覧表から削除することです。

⏵ **obliterate** は「ob（反して）＋ liter = letter（文字）＋ ate（動詞語尾）」が語源で、文字を消すことが原義です。意図的なものであれ無意識的なものであれ、力を加えて完全に消し去ることを暗示します。物質を完全に破壊して取り除くことで、記憶や痕跡などを完全に消すことです。語根の liter はラテン語の littera（文字）に由来し、letters（文学）、literal（文字通りの）、literacy（読み書きの能力）、literary（文学の）、literature（文学）なども同じ仲間です。

◆ erase 【動】〜を消す、〜を消し去る
例）Can you erase the blackboard, Ken?
（ケン、黒板を消してくれる？）

◆ eradicate 【動】〜を根絶する、〜を消す
例）You can eradicate ink stains with this liquid.
（この液でインクの染みを消すことができます）

◆ delete 【動】〜を消す、〜を削除する
例）He deleted the file by mistake.
（彼は誤ってそのファイルを削除してしまった）

◆ cancel 【動】〜を取り消す、〜を削除する、〜を帳消しにする
例）I'd like to cancel my reservation.
（予約を取り消したいのですが）

◆ obliterate 【動】〜を（完全に）消す、〜を取り除く
例）The damage to his brain obliterated his memory.
（脳の損傷で彼は記憶を失った）

Q1

I just can't (delete / erase) the incident from my memory.

その事件のことが記憶からどうしても消し去ることができない。

Q2

We can't (erase / eradicate) this disease from the world.

この病気を世界から根絶することはできない。

Q3

Highlight the section you want to (delete / eradicate).

削除したい箇所にマーカーを塗りなさい。

Q4

The game was (canceled / erased) because of the snow.

雪のためにその試合は中止になった。

Q5

He tried to (delete / obliterate) all memory of his girlfriend.

彼は彼女の記憶を全て消そうとした。

答え

1 erase
　記憶から消し去るのは erase。
2 eradicate
　病気や犯罪などを根絶するのは eradicate
3 delete
　書いたものから不要なものを消すのは delete。
4 canceled
　試合を取り消すのは cancel。
5 obliterate
　記憶の全てを消すのは obliterate。

区別する

- ◉ discriminate
- ◉ discern ◉ distinguish
- ◉ differentiate

discriminate

別々に分ける
⇒区別・差別する

discern

ぼんやりしたものを
識別する

distinguish

異なったものを刺して別々にする
⇒細かい違いを区別する

differentiate

比べて違いを示す
⇒見分ける

▶ **discriminate** は「dis（離れて）+crim（分ける）+ate（動詞語尾）」が語源で別々に分けることが原義です。鑑定士が本物と偽物を見分けたり、ソムリエがワインの銘柄を言い当てたりするように、似たものの中から美的な違いを感じ取り、評価することによって<u>微妙な違いを区別する</u>ことに重点が置かれます。「差別する」という意味もあります。名詞形の **discrimination** は「差別、区別」で、**racial discrimination** なら「人種差別」です。語根の crim は印欧祖語の krei（ふるい分ける）に由来し、crime は裁判官がふるい分けて決定した「罪」のこと。そのほか、重要な分岐点を意味する crisis（危機）、criminal（犯罪の、犯人）、critical（危険な、重大な、批判的な）、criticize（批判する）、critic（批評家）、criticism（批判）なども同語源です。

▶ **discern** は discriminate と同様に「dis（離れて）+ scern（分ける）」が語源です。discriminate ほど微妙な違いを区別することではなく、<u>遠くにあってぼんやりとしてはっきりしないものを何であるかを見極めたり、識別する</u>ことを暗示する語です。

▶ **distinguish** は「dis（離れて）+ sting（刺す）+ ish（動詞語尾）」が語源で、異なったものを刺して別々にすることが原義です。<u>discriminate よりも細かい違いを見分ける点が特徴</u>で、美的なものを見分けることはありません。例えば、ゴッホとゴーギャンの作品の違いを見分けるのは distinguish ですが、その趣向や表現形式を見分けるのは discriminate です。

名詞形は **distinction**（区別、相違点）、形容詞形には **distinct**（異なった）と **distinguished**（優れた）があります。語根の sting は印欧祖語の steig「刺す」に由来します。混同

しやすい extinguish は「ex（外に）＋ (s)ting（刺す）＋ ish（動詞語尾）」から「消す、消滅させる」、extinct は「絶滅した」、extinction は「絶滅」です。

▶ **differentiate** は「di(f)（離れて）＋ fer（運ぶ）＋ ent（形容詞語尾）＋ ate（動詞語尾）」が語源で、異なったものを別々の所に運ぶことが原義で、<u>複数のモノを比較して違いを示す</u>ことに焦点があります。distinguish よりも細かい質の違いを暗示しますが、鳥や昆虫などを見分けるように、専門的な分類に関してよく使われます。

◆ discriminate 【動】〜を識別する、〜を見分ける、〜を差別する
例）He can discriminate between real antique jewelry and imitation.
（彼は本物のアンティークの宝石と偽物を識別できる）
◆ discern 【動】〜を識別する、〜を見極める
例）It isn't easy to discern the effects of the greenhouse.
（温室効果を見極めるのは簡単なことではない）
◆ distinguish 【動】〜を区別する、〜を識別する
例）I can't distinguish between Pekingese and Cantonese.
（私は北京語と広東語の区別ができません）
◆ differentiate 【動】〜を見分ける、〜を区別する
例）How can you differentiate this bird from the others?
（この鳥を他の鳥とどう見分けることができますか？）

Q1
No one should be (distinguished / discriminated) against based on race.

人種に基づいて誰も差別されるべきではない。

Q2
We should (differentiate / discern) between terrorism and struggles for freedom.

テロ行為と自由を求める闘いは区別するべきだ。

Q3
Can you (discern / distinguish) cultured pearls from genuine ones?

養殖真珠と天然真珠を区別できますか。

Q4
Can you (discern / distinguish) a figure in the darkness?

暗闇にある姿を識別できますか。

Q5
He can (differentiate / discern) between the two dialects.

彼はその2つの方言の区別をすることができる。

答え

1　discriminated
「差別する」という意味があるのは discriminate。
2　differentiate
テロ行為と自由を求める闘いという
善悪の区別をするのは differentiate。
3　distinguish
discern には2つのものを区別するという意味はないので
distinguish を選ぶ。
4　discern
遠くにあるぼんやりとしたものを識別するのは discern。
5　differentiate
2つの方言を比べて違いを示すのは differentiate。

落ちる、下がる

- fall
- drop
- decline
- sink
- decrease

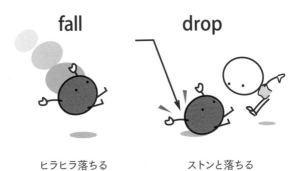

fall

ヒラヒラ落ちる

drop

ストンと落ちる

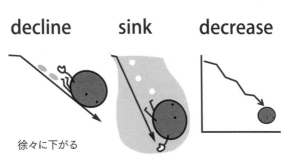

decline

徐々に下がる

sink

沈む

decrease

数や量が減る

▶ fall は、木の葉が地面に落ちるように、重力に抵抗する力を失って、上から下に落ちることです。特に、その落ちる過程に焦点があります。ゆっくりとひらひらと落ちるイメージで、必ずしも垂直方向への落下でなくてもかまいません。下への運動を表すことから、強風で木が倒れるように直角に倒れる場合にも使われます。

　▶ drop は「球状の液体」が語源です。水滴が落ちるように、重量のあるものが重力の法則に従って、上から下に加速しながら急にストンと落ちるイメージです。急に落下することから意外性を暗示します。fall も drop も「落下する」という意味の他に、温度や値段などの数値や量などが「下がる」という意味がありますが、fall がゆっくり下がるのに対して、drop は急激に下がる場合に適した単語です。

　もう一つの違いは、**Stock prices are falling.**（株価が下がっている）や **The death rate for cancer dropped over the past 20 years.**（過去20年の間にがんによる死亡率は下がった）のように、fall が良からぬ方向へ下がるのに対して、drop は良い方向に下がる場合に用いられる傾向があります。

　▶ decline は「断る」の意味があることから「de（下に）＋ cline（傾く）」が語源です。**His physical strength declined recently.**（彼の体力は最近、衰えてきた）のように、量や数値が徐々に下がることを暗示します。

　▶ sink は水面から「沈む」が第1義的な意味です。decline と同様に、体力・健康状態が衰えたり、量や数値が下がる意味で使うこともできます。「物」に限らず、「気持ち」「程度」「評判」などの抽象的なものにも使える多様性が特徴です。

⏵ **decrease** は「de（下に）＋ crea（成長する）」が語源です。高い所から下がっていくことで、特に数値や量が減ることに使われ、fall や drop の格式ばった語と言えます。語根の crea はラテン語の crescere「成長する」に由来し、increase は「in（上に）＋ crea（成長する）」から「増加する」です。音楽用語で「だんだん強く」は crescendo（クレッシェンド）、「だんだん弱く」は decrescendo（デクレッシェンド）です。そのほか、crescent は段々大きくなることから「三日月」、三日月型のパンが croissant（クロワッサン）です。

◆ fall 【動】落ちる、下がる
例）My salary is expected to fall by 10 percent this year.
（今年の給料は1割下がる見込みです）

◆ drop 【動】落ちる、下がる
例）The temperature dropped suddenly last night.
（昨夜は急に気温が下がった）

◆ decline 【動】低下する、衰える
例）His influence began to decline.
（彼の影響力は衰え始めた）

◆ sink 【動】沈む、衰える、下がる
例）My heart sank at the news of his death.
（彼が亡くなったという知らせを聞いて意気消沈した）

◆ decrease 【動】減る、減らす、低下する
例）The number of Korean tourists has decreased rapidly.
（韓国から観光客の数が数が激減した）

Q1
The shirne was damaged by (dropping / falling) trees.

その神社は倒れてきた木で損傷を受けた。

Q2
My body fat percentage has (dropped / fallen) noticeably.

私の体脂肪率は顕著に下がった。

Q3
My eyesight is slowly (dropping / declining) with age.

歳のせいで視力が徐々に衰えてきている。

Q4
The land around this area is (sinking / dropping).

この辺の土地は沈下している。

Q5
My doctor (fell / decreased) my dose gradually.

医者は徐々に薬の量を減らした。

答え

1　falling
　木が直角に倒れるのは fall。
2　dropped
　急激な落下や減少は drop。
3　declining
　「徐々に下がる」のは decline。
4　sinking
　水面から沈むのと同様に地面が沈むのも sink。
5　decreased
　「～を減らす」という他動詞の用法があるのは decrease。

　全国の公立高校の中でも常に東大合格実績トッ
プレベルを誇る埼玉県の浦和高校で教鞭を執って
いた頃のことです。当時は「ライティング」とい
う科目があり、毎回の授業が楽しみでした。リー
ディングや文法の授業は、どちらかと言うと一方
向の授業になりがちですが、ライティングの授業
は生徒たちが事前に作った英文に添って進める双
方向の授業だったからです。生徒たちがどんな英
文を作ってくるかを授業ごとに予想しながらする
予習は大変で、それを嫌がる先生たちも多かった
ようですが、私としては自分の勉強にもなるし、
毎回様々な発見のあるライティングの授業は大好
きで、常に積極的に受け持っていました。

　私が浦和高校でライティングの授業を受け持っ
て間もない頃、「ニュートンはリンゴが木から落
ちるのを見て、重力という考えを思いついた」と
いう問題がありました。生徒が用意してきたのは、
Newton got the idea of gravity when he saw an
apple fall off a tree. という完璧な英文でした。
「おっ、さすが天下の浦和高校！」とビックリし
たものですが、その時、他の生徒から「先生、
fall の代わりに drop を使ってもいいですか？」

という質問がありました。「もちろん、OK！」と即答しましたが、こんな感じで常に活気のある授業でした。

今だから白状しますが、実は浦和高校で教え始めた当初は、生徒の質問に対して常に自信を持って答えていたわけではありません。「drop でもよいか？」という質問を受けた時にも、fall と drop の違いを聞かれやしないかと、内心ひやひやものでした。その時に私が出せた答えは、せいぜい「fall は自動詞のみの用法で、drop は自動詞と他動詞の両方の用法がある」とか「fall に比べると drop の方が速く落ちる感じかな？」という程度のことだけでした。

質問を受けた後、職員室に戻り早速、普段愛用していた Oxford Advanced Learner's Dictionary で調べてみたところ、fall：to drop down from a higher level to a lower level（より高い所からより低い所に drop すること）、drop：to fall or allow sth to fall by accident（fall すること、または偶然に何かを fall させること）とありました。しかし、これらの説明から理解できることは fall が自動詞で drop は自動詞と他動詞の両方の用法があるという違いしか伝わって来ません。

次に、Longman Dictionary of Contemporary English で調べてみると、fall：to move or drop down from a higher position to a lower position（高い所から低い所へ移動することや drop すること）、drop：to fall suddenly onto the ground or into something（地面や何かに突然 fall すること）との説明があり、drop に suddenly（突然）が使われていることから、「急に落ちる」というニュアンスがあることがわかりました。

　さらに、米国系の英英辞典の Webster's New World College Dictionary を引いてみると、fall：to come down by the force of gravity（重力によって落ちること）という説明があるのを発見することができました。このことから、「ニュートンがリンゴが木から落ちるのを見て重力を思いついた」の例文では drop よりも fall の方がふさわしい動詞であるという結論を導き出すことができたのです。

　その他、英英辞典の例文を片っ端から見て行きます。

The leaves were starting to fall.

葉が落ち始めてきた。

The rain was falling steadily.

雨がずっと降っていた。

The tree was about to fall.

木が今にも倒れそうだった。

He slipped and fell on the ice.

彼は滑って氷の上で転んだ。

　これらの例文から、fall は木の葉や雨が風に吹かれて地面にゆっくりと舞い落ちる様子や、木が地面に倒れたり人が転ぶ様子をイメージすることができます。

　一方、drop の例文を見ましょう。

The book dropped off the shelf.

その本は棚から落ちた。

The climber slipped and dropped to his death.

その登山者は滑落死した。

She expects everyone to work till they drop.

彼女は全員倒れるまで働くことを期待している。

U.S. planes began dropping bombs on the city.

アメリカの飛行機はその都市に爆弾を落とし始めた。

　これらの例文から、dropは人や物など比較的重量感のあるものが、突然「ドサッと落ちる」ことや「ストンと落ちる」様子をイメージすることが

できます。また、突然落ちることから意外性や突発性を暗示させるため、その時まで丸暗記をしていた drop by（ひょっこり立ち寄る）、drop dead（急死する）、drop out of sight（雲隠れする）などの表現がストンと腑に落ちることになるわけです。

　浦和高校では、より良い授業を求めて、英語の勉強に明け暮れる毎日でしたが、私が懸命に英語を勉強したことには他にも理由がありました。当時、ある出版社から文科省検定教科書（ライティング）の執筆者の一人として加わってほしいという依頼を受け、教師用の指導書を一人で書かなければなかなかったという経緯がありました。

　全国の英語の先生たちが読む指導書なので、いい加減なことは書けないと思い、英文法の原書や語法を扱った専門書などを相当な時間を費やして徹底的に精読し、同時に複数の英米人の協力を得ながら、ようやく指導書を完成させることができました。小さな出版社でしたが、全国の高校からの採用数は予想以上の数にのぼり、その後、教育課程が変わってライティングの科目がなくなるまでベストセラー教科書の一冊となっていたことを誇りに思っております。

本書は私が主に浦和高校在任中の７年間に学ん
だ多くのことを基に、当時の授業ノートを参考に
しながら、2020年度Asahi Weeklyに連載したコ
ラムを書籍化したものです。いわば、**「くらべて
覚える英単語集（動詞編）」の決定版**であると自
負しております。本書を通して、読者のみなさん
が英語の勉強の楽しさを少しでも知っていただけ
たら、それ以上の喜びはありません。最後になり
ますが、この「動詞編」に続き、近いうちに「く
らべて覚える英単語」の「名詞編」をお届けでき
たらと思っております。その時また、みなさんに
お会いできることを楽しみにしております。

　　　　　　　　　2021年　4月　清水　建二

本書は、朝日新聞社発行の週刊英和新聞「朝日ウイークリー」で
2020年4月から2021年3月まで連載された「シミケンの語源
で比べる英単語」に、新規原稿を加えて再編集したものです。

青春新書
INTELLIGENCE

こころ涌き立つ「知」の冒険

いまを生きる

"青春新書"は昭和三一年に――若い日に常にあなたの心の友として、その糧となり実になる多様な知恵が、生きる指標として勇気と力になり、すぐに役立つ――をモットーに創刊された。

そして昭和三八年、新しい時代の気運の中で、新書"プレイブックス"にその役目のバトンを渡した。「人生を自由自在に活動する」のキャッチコピーのもと――すべてのうっ積を吹きとばし、自由闊達な活動力を培養し、勇気と自信を生み出す最も楽しいシリーズ――となった。

いまや、私たちはバブル経済崩壊後の混沌とした価値観のただ中にいる。その価値観は常に未曾有の変貌を見せ、社会は少子高齢化し、地球規模の環境問題等は解決の兆しを見せない。私たちはあらゆる不安と懐疑に対峙している。

本シリーズ"青春新書インテリジェンス"はまさに、この時代の欲求によってプレイブックスから分化・刊行された。それは即ち、「心の中に自らの青春の輝きを失わない旺盛な知力、活力への欲求」に他ならない。応えるべきキャッチコピーは「こころ涌き立つ"知"の冒険」である。

予測のつかない時代にあって、一人ひとりの足元を照らし出すシリーズでありたいと願う。青春出版社は本年創業五〇周年を迎えた。これはひとえに長年に亘る多くの読者の熱いご支持の賜物である。社員一同深く感謝し、より一層世の中に希望と勇気の明るい光を放つ書籍を出版すべく、鋭意志すものである。

平成一七年

刊行者　小澤源太郎

著者紹介

清水建二（しみず けんじ）

東京都浅草生まれ。KEN'S ENGLISH INSTITUTE
代表取締役。上智大学文学部英文学科卒業後、埼玉県
立浦和高校などの高校で英語教員を務める。基礎か
ら上級まで、わかりやすくユニークな教え方に定評
があり、生徒たちからは「シミケン」の愛称で親しま
れ、絶大な人気を博した。現在は、40年以上の英語指
導経験を生かした様々な英語教材を開発中。著書は、
シリーズ累計90万部突破の『英単語の語源図鑑』（共
著 かんき出版）、シリーズ40万部突破の『英会話「1
秒」レッスン』（成美堂出版）など90冊を超える。
公式サイト http://shimiken.me/

語源×図解
くらべて覚える英単語　　　　青春新書
　　　　　　　　　　　　　　INTELLIGENCE

2021年5月15日　第1刷
2021年6月20日　第3刷

　　著　者　　清　水　建　二

　　発行者　　小　澤　源　太　郎

責任編集　株式会社プライム涌光

電話　編集部　03(3203)2850

発行所　東京都新宿区　株式会社青春出版社
　　　　若松町12番1号
　　　　〒162-0056
電話　営業部　03(3207)1916　振替番号　00190-7-98602

印刷・中央精版印刷　　製本・ナショナル製本
ISBN978-4-413-04620-6

©Kenji Shimizu 2021 Printed in Japan

本書の内容の一部あるいは全部を無断で複写（コピー）することは
著作権法上認められている場合を除き、禁じられています。

万一、落丁、乱丁がありました節は、お取りかえします。